智慧旅游理论与实践探索研究

邢剑飞　著

全国百佳图书出版单位  吉林出版集团股份有限公司

图书在版编目（CIP）数据

智慧旅游理论与实践探索研究／邢剑飞著. -- 长春：
吉林出版集团股份有限公司，2024. 7. -- ISBN 978-7
-5731-5465-1

Ⅰ. F59-39

中国国家版本馆 CIP 数据核字第 20243VT476 号

ZHIHUI LÜYOU LILUN YU SHIJIAN TANSUO YANJIU

智 慧 旅 游 理 论 与 实 践 探 索 研 究

著：邢剑飞

责任编辑：赵　晗

封面设计：冯冯翼

开　　本：720mm×1000mm　1/16

字　　数：200 千字

印　　张：11

版　　次：2024 年 7 月第 1 版

印　　次：2024 年 7 月第 1 次印刷

出　　版：吉林出版集团股份有限公司

发　　行：吉林出版集团外语教育有限公司

地　　址：长春市福祉大路 5788 号龙腾国际大厦 B 座 7 层

电　　话：总编办：0431-81629929

印　　刷：长春新华印刷集团有限公司

ISBN 978-7-5731-5465-1　　定　　价：66.00 元

前　言

　　旅游是人类文明进步的重要标志，也是人们提高生活质量和幸福感的重要途径。近年来，传统的旅游业已无法满足游客的需求，这时智慧旅游应运而生。旅游业的高质量发展依赖于智慧旅游的建设，智慧旅游运用物联网和云计算等，借助移动终端设备主动感知旅游的相关信息，实时更新发布信息，以方便游客及时安排调整工作与旅游计划，对各类旅游信息进行智能感知、优化利用。可见，智慧旅游是旅游业转型升级的必然趋势。

　　智慧旅游作为现代旅游业的重要抓手，逐渐成为区域旅游信息化建设的热点。智慧城市的开启和旅游信息化的进步使智慧旅游成为全国信息化旅游建设的重心。通过互联网游客可以遍览世界各地的风土人情。目前，旅游业发展到一定阶段，游客求新求异，希望借助智能科技让旅游跨越时空的距离。随着信息通信技术的快速发展，移动终端设备应用于人们生活的方方面面，推动了中国城市旅游从传统型向智慧型旅游转变。智慧旅游正是运用信息通信技术大大促进旅游资源的优化配置，改善游客的旅游体验。智慧旅游为旅游产业的发展提供了新的思路。

　　随着云计算、物联网、人工智能等技术的快速发展，游客对智慧旅游的需求空前高涨。人工智能技术和数字技术的应用是智慧旅游发展的必然趋势，有助于整合景区及其周边区域的旅游资源，提升游客体验和旅游业管理水平。以大数据、云计算等为核心的信息化技术赋能智慧旅游，改变景区、游客以及导游等各个主体之间的交互方式，提升游客的旅游感知和体验。智慧旅游是以数据、技术为驱动，通过各种技术及手段为游客打造超高舒适度和体验感的旅游经历。在大众旅游时代，相关人员运用智慧旅游的各种信息技术对游客的数据进行收集、计算和挖掘，通过智能数据的积累主动探寻游客的现实需求和潜在需求，为游客设计个性化服务方案并精准推送给游客，切实满足其旅游需求并提升其旅游体验。智慧旅游的建设能够整合区域旅游资源，提升管理效率，提高旅游业的服务质量，为游客带来更具创意的旅游产品和出行体验，同时大大促进旅游业的发展。

　　本书是一本研究智慧旅游的著作，其系统阐述智慧旅游的理论框架，明确了智慧旅游建设的理论支撑。实践部分首先讨论了保障智慧旅游发展的先进技术手段，如物联网技术、云计算技术、大数据技术、人工智能技术等，接着进一步探讨了智慧旅游管理、智慧旅游服务、智慧旅游营销、智慧旅游电子商务、智慧旅游运营等相关的内容，这些都是智慧旅游的重要内容。

全书以智慧旅游为主题，分析和论述了当前相关领域的研究成果。在写作过程中，作者广泛参考、吸收了国内外众多学者的研究成果和实际工作者的经验，在此，对本书所借鉴的参考文献的作者、对写作过程中提供帮助的单位和个人致以衷心的感谢！由于作者的水平有限，书中难免存在不妥之处，恳请相关领域的专家、同行以及读者朋友不吝指正。

目　录

第一章　智慧旅游基础理论

智慧旅游是一种在信息化时代发展起来的旅游方式，它的优点十分突出。本章首先分析智慧旅游的概念和特征，接着进一步探讨智慧旅游的理论框架，论述智慧旅游的功能和价值，最后详细地研究智慧旅游的发展趋势和应用等相关的内容。

第一节　智慧旅游的概念和特征

一、智慧旅游的概念

（一）智慧旅游的基本内涵

智慧旅游是游客个体在旅游活动过程中所接受的泛在化的旅游信息服务。旅游信息服务是对智慧旅游共同属性的概括，但并不是所有的旅游信息服务都是智慧旅游。只有那些为单个游客提供的、无处不在的旅游信息服务，也就是基于游客个体特殊需求而主动提供的旅游信息服务才是智慧旅游。智慧旅游以个性化的体验服务吸引游客，用高层次的服务为游客带来符合其审美的愉悦体验感受，这是智慧旅游体验的目标，也是智慧旅游的核心。[1]

第一，智慧旅游是一种旅游信息服务。旅游信息服务表明智慧旅游的最根本属性，旅游信息服务一直伴随着旅游业发展演进。由于信息通信技术、互联网技术等不断被应用于旅游信息服务业，使旅游信息服务在提供手段、时空分布、效率和成本方面不断进行创新，智慧旅游是旅游信息服务创新的极致。

第二，智慧旅游是一种泛在化的旅游信息服务，这说明智慧旅游不是一般的旅游信息服务。它是能够让游客随时、随地、随需获取到的无处不在的旅游

---

① 杨彦锋，曾安明. 智慧旅游　产业数字化的理论与实践［M］. 北京：中国旅游出版社，2022：58.

信息服务，这种旅游信息服务与传统的旅游信息服务有着很大的差别——在获取信息服务的效率上、精准度上、成本上、实用性上都有了质的飞跃和提升。游客可以极其方便地在任何时间、任何地点、通过任何方式获取旅游信息服务。

第三，智慧旅游是为游客个体而非群体提供的泛在化的旅游信息服务，传统旅游信息服务都是面向某一类群体的供给，游客获取信息的时间成本较大，需要不断将获取的信息与自己的需求进行比对进而做出决策。由于信息具有天然的不对称性，游客决策的风险始终存在，游客可能因为产生理解上的偏差而使决策偏离自己的需求。智慧旅游则不同，它是基于游客当前位置、个性化需求、历史消费（路径）记录等信息，利用科学的数据挖掘分析和判别手段，为游客个体提供互动性的旅游信息服务。①

第四，智慧旅游是旅游信息服务在旅游活动的全流程、全时空、全媒介、全方位、全终端、全机构的整合、协同、优化和提升，是一种颠覆性的旅游信息服务。这种旅游信息服务不再是几种固定的提供方式或者组合，而是更加灵活多变的信息服务提供方式，并且可以综合运用各种媒体和终端作为手段，将各种服务机构有机整合起来为游客提供"一站式"的旅游信息服务。它颠覆了旅游信息服务的传统逻辑关系和模式机制，游客获取旅游信息服务更加便捷，高效智慧旅游是游客个体在旅游活动过程中所接受的泛在化的旅游信息服务。泛在化的旅游信息服务导致了旅游信息流重构、旅游业务重组、旅游组织优化，也使旅游信息组织方式、旅游管理方式、旅游营销方式、游客接待服务方式发生了根本性改变。

智慧旅游概念的核心内涵之一在于旅游信息服务。智慧旅游所涉及的旅游信息服务改变了群体化的信息提供方式，即原有信息服务提供是非定制化的、面向所有（潜在）游客的，是由某种机构借助某种手段来实现信息服务提供，如通过广告（电视、互联网、广播等）为客源地的潜在游客提供目的地旅游信息，通过手机短信为在旅途中的游客提供天气等服务信息，为到达目的地的游客提供本地旅游信息服务（通过导游服务、游客咨询中心放置的各类印刷品、各类指示牌、大屏幕、查询终端等）。这些旅游信息服务都是相对独立的、由不同机构提供的、需要游客去分别关注并获取的，因而游客所获取的相关信息是孤立的、散乱的、需要进一步由游客来判别的，而且信息服务提供手段也是互不联通的。智慧旅游由于技术上有了很好的基础，各种平台和系统在相互信息共享和调用方面有了新的机制，信息调用的成本大大降低、效率大大

---

① 史姗姗. 智慧旅游管理与实践研究 [M]. 长春：吉林人民出版社，2022：1.

提升，而且信息的表现方式更加灵活多样，适应不同媒介和载体对于旅游信息的要求，旅游信息的各种属性得到充分挖掘并与游客的各种信息有机关联，最大限度地满足游客对旅游信息的需求。

智慧旅游概念的另外一个核心内涵在于泛在化，泛在化的含义指的是网络无所不在，网络已全面融入人们的生活之中，无所不在地为人们提供各种服务；计算不再局限于桌面，用户可以通过手持设备、可穿戴设备或其他常规、非常规计算设备无障碍地享用计算能力和信息资源。游客个体可以在任何时间、任何地点、通过任何媒介获取旅游信息服务。

（二）智慧旅游相关概念辨析

1. 智慧旅游与旅游信息化

智慧旅游与旅游信息化之间有联系也有差异。人们利用信息技术对各种信息资源进行挖掘、促进信息交流的过程就是信息化。信息化已经深入人们生活的各个领域，促成了信息化社会的构建，这又在一定程度上促进了社会经济的发展。信息技术与旅游信息的结合就是旅游信息化，也就是说，旅游机构利用信息技术采集、分析并整合各种旅游信息，就能为游客提供各种信息，游客则能利用互联网平台获取信息，这样的过程就是旅游信息化，这是从狭义层面对旅游信息化的界定。从广义层面来看，旅游信息化就是人们利用信息技术对旅游产业链予以重构的过程。也就是说，在信息技术的支持下，人们能对旅游产业链中的各种要素进行分析，从而能对其进行合理的分配与组合。这其实能有力地促进旅游业从传统走向现代。

旅游信息化目标的实现需要信息技术为其提供支撑，可以说，旅游信息化正是随着信息技术不断发展而发展的。信息化的发展经历了不同的阶段，智慧旅游就是其处于高级阶段的一种形式。这里的"智慧"并不是指简单的旅游电子商务、数字化景区等，它具有更加丰富、深层次的内涵。利用信息化手段，游客在旅游中能及时发现问题，并在发现问题的基础上了解自己的诉求，从而根据自己的诉求形成旅游的新思路。

2. 智慧旅游与智能旅游

通过对旅游业的本质进行分析，我们可以将智慧旅游称为"旅游智能化"。人们必须承认，技术在很大程度上的确改变了人们对旅游活动以及旅游产业的看法，能有效弥补人工服务的不足，能让游客获得比以往更加丰富的旅游信息，这是现代服务业的新境界。智能旅游更多体现的是智能设备在旅游中的运用，而智慧旅游并非单纯的智能设备的应用。智能设备是智慧旅游的实物依托，其能对信息进行存储和发布，满足游客和旅游管理的需要。然而，在设施设备提供服务的同时，通过人的意志进行旅游管理，通过智能设备载入人性化服务，这本身是一种智慧的体现，是人的智慧经由设备来完成的。因而，智慧旅游更加强调了服务提供中人的因素。旅游业是一个服务密集型的行业，缺少了人文因素，旅游活动就会失去光彩。因而只有将人文因素贯穿到智能设备中，实现智能设备的人性化服务，智慧旅游才能名副其实。智慧旅游与智能旅游的重要区别在于智慧旅游相对嵌入了更多的人文元素。

二、智慧旅游的特征

（一）信息化

信息是旅游发展的基础，也是旅游活动、旅游开发、旅游经济、旅游管理的重要因素。在旅游活动开始之前，游客需要了解旅游目的地的各种相关信息，包括价格信息、景点信息、交通信息以及其他旅游相关信息；在旅游活动开展中，旅游管理部门通过对游客消费特征的调查统计，对相关信息的运用，从而实现旅游市场的管理；在旅游景区开发之前，相关部门需要对旅游资源等各类资源进行调查，从而在信息充分的基础上实现旅游资源开发。信息获取和应用涉及旅游发展的各个层面，智慧旅游的发展是对行业内外相关信息的充分整合与运用。

（二）智能化

智能化是智慧旅游的重要体现。智能化体现在方方面面，如对旅游资源的开发、对旅游信息的获取、旅游活动的开展、旅游市场的管理等。人们通过信息技术和智能设备，实现智能化服务与管理。在服务端，智能化实现数据统计、信息集成。在使用端则方便主体使用。

（三）专业化

专业化是智慧旅游的要求，智慧旅游与智慧城市和智慧地球不同，其范围更小，相对而言，其专业性愈加突出。具体而言：一是专注，即智慧旅游设立单独的开发部门，针对游客、旅游运营商和旅游管理方的需求，开发单独的设备，满足旅游活动、旅游运营和旅游管理的需求；二是专业，智慧旅游实现旅游人才与技术人才的有机结合，进行专业化操作；三是专攻，智慧旅游对旅游中存在的专业性和管理性难题，进行专项攻克，实现旅游业的畅通发展。

（四）全面化

智慧旅游的发展应用应是全方位、多层次和宽领域的。在旅游业的规划与开发、旅游项目的发展运营、旅游活动的开展中实现全方位的应用。无论是高端旅游还是大众旅游，无论是发达地区的旅游还是欠发达地区的旅游，无论是大型区域间的旅游还是小型的旅游目的地都应当逐步向智慧旅游转变，这是智慧旅游的多层次应用。智慧化体现在旅游的各项要素中，如智慧酒店、智慧餐饮、智慧旅行社、智慧旅游景区和智慧基础设施的建设，这是智慧旅游的宽领域应用。只有实现全面信息、全面建立、全面共享、保证旅游消费智能化、旅游供给智能化、旅游管理智能化，才能实现智慧旅游的全面发展。

（五）互联化

智慧旅游的一个重要方面是将各个孤立的要素解脱出来，将其与其他要素进行有机整合，从而有效避免信息孤岛现象的发生。第一，设施互联互通。矗立在街头的显示屏、景区的触摸屏等不是单独存在的，而是一个信息统一、节点分散的网络终端，不同地点的游客可以通过分散的终端获得相同的信息。第二，要素联动。游客来到旅游目的地后不仅要旅游，同时还要住宿、娱乐等。智慧旅游将这些信息进行集成，游客可以一站式获得各类信息和服务，从而实现信息的有效获取。第三，管理联动。对旅游资源、游客、基础设施等的管理，实现互联互通，提高管理效率。第四，区域互联互通。不同的区域在发展旅游上相互支持、相互依托，实现区域互联互通。这既有利于开发新的旅游产品，又可以集约成本，从而进行综合性的市场管理和运作。

（六）便捷化

便捷是智慧的体现，也是人们对智慧的要求。便捷的旅游服务体系能够赢得游客的信赖，刺激旅游消费，缓解游客的紧张心理。首先，使用便捷。这就需要体现以人为本的理念，最大限度地方便人们的使用。其次，设施便捷。便捷的设施体系能够便于人们获取旅游信息。最后，技术便捷。不同文化程度的人们在使用同一种设备时，不应有知识上的歧视，避免误解的产生，使得这种服务能够为绝大多数人所获取，这是便捷的直接体现。

第二节　智慧旅游的理论框架

一、基础设施层

基础设施层包括以下三类：第一类，感知器；第二类，连接器；第三类，计算和存储器。基础设施层可以为智慧旅游目的地实现流量实时监控与应急处理，为游客提供便捷高效的旅游服务。

（一）感知器

感知器包括旅游目的地的监控摄像头、入口处的闸机、环境检测传感器、导览二维码、票务门禁设施和资源感知的智能采集监视器等，这是收集游客基础特征信息的有效途径。

从景区入口处的摄像头和感应器，到景区内遍布的传感器、检测器，这些类型的感知器作为物理载体，可以更广泛、准确地收集智慧旅游景区建设大数据信息与游客数据信息，为景区管理部门提供实时、有效的数据接口，更有利于加快智慧旅游建设步伐。以视频监控为例，人们完善旅游景区监控系统的建设，将智慧旅游感知与监控系统整合，统一规划建设系统的承载管理平台。这能够为旅游企业、旅游景区景点等各方提供监控系统接入服务。

（二）连接器

连接器包括 4G/5G 移动通信网络的大规模覆盖、免费 Wi-Fi 的全覆盖等。随着互联网技术的飞速发展，通过连接器智慧旅游可实现全时段、全方位可视和更全面的互联互通。一方面，可建立移动基站，根据运营商的 4G/5G 基站建设规划，提供智慧旅游移动基站安装平台，有效实现区域 4G/5G 信号全覆盖。另一方面，可大范围建立 Wi-Fi 基站，在主干道及人流密集区实现 Wi-Fi 的全覆盖，将智慧旅游基站作为载体，确保区域内每个角落都能满功率覆盖，满足智慧旅游的连接、传输和建设需求，打造智慧旅游样板工程。

（三）计算和存储器

计算和存储器包括云存储资源、虚拟计算资源和后台服务器等，是承载智能化和海量数据计算与存储的重要载体，是智慧旅游的关键基础设施。

互联网时代，对海量数据进行存储和处理需要强大的算力支撑，云计算已成为一种被普遍认可的计算方式与算力服务。[①] 云计算是指通过网络提供计算资源、软件和数据存储空间，使用户能够在任何地方、任何时间使用这些资源的一种模式。通常来说，云计算是由云服务提供商（如阿里云、腾讯云等）管理和维护的，用户可以基于自己的需求，按需订购并使用所需的计算资源、应用程序或数据存储空间，并根据实际使用情况付费。常见的应用场景是我们购买虚拟机服务，云服务提供商按照用户要求的 CPU、内存、磁盘、网络提供一个可远程登录的系统给用户使用，其按时间收取费用。

云存储则是将数据存储在云服务提供商的服务器上，以便用户可以随时从任何地方访问和管理这些数据的一种模式。云存储通常具有高可靠性、强安全性和低成本等优势，因此得到越来越多企业和个人用户的青睐。同时，各大云服务提供商也为用户提供了多种云存储服务模式，如对象存储、文件存储和块存储等。简而言之，云存储即云服务提供商提供的存储中心服务，通过对象、文件、块设备协议接口存取数据。云计算和云储存技术的应用极大地促进了智慧旅游服务质量和管理水平的提高，对旅游产业的发展起到了提质增效的推动作用。

二、数据层

数据层是指由景区、旅游企业等进行旅游信息数据采集与存储，对获取的游客数据进行清洗和分析加工，最后管理部门将清洗处理后的数据进行可视化分析，同时为以上数据提供安全保障。在基础设施层的基础上，数据层可及时掌握各类感知信息与数据，并根据不同需求进行综合加工和智能分析，辅以预测、仿真等手段，为游客、旅游企业和政府部门提供个性化、智能化的服务。

（一）数据采集

数据采集是由政府、涉旅企业两方利用全域旅游大数据平台等对旅游目的地宣传营销平台、智慧服务平台、旅业认证监管平台的各类数据进行采集与分析，并通过外部数据（商业数据、舆情数据、交通卡口数据等）进行关联佐证，深度挖掘旅游业大数据的应用价值，将相关数据串联形成一条数据链条，为旅游业信息化、智慧化建设提供数据支撑和决策依据。同时，积极推进旅游各方数据共享，打破"数据壁垒"，多措并举以推动数据采集工作，为全力推动智慧旅游建设和全域旅游发展增加动力。

---

① 李正茂. 云网融合：算力时代的数字信息基础设施［M］. 北京：中信出版社，2022：100.

（二）数据存储

智慧旅游大数据主要来源于物联网感知系统、移动设备应用、各单位云数据共享、游客反馈、网站访客行为统计、人工采集提交等途径。因此，需要创建科学合适的存储器对收集到的各类数据进行存储，从而为后续数据的量化分析做好基础工作。通过建设基于旅游信息标准的智慧旅游云计算大数据库中心，包括旅游信息数据中心和数据交换系统，并将之作为智慧旅游建设的信息基础，对按照统一规则获取的旅游信息，根据统一的数据标准进行集中存储，最终可以实现旅游信息的智慧化。

（三）数据清洗

一般而言，所获取的数据会包含所有元素，包括有价值的与无价值的数据信息。对数据所需方而言，不同的数据有不同的效用，现实情况往往复杂烦琐，所以应当利用多种信息技术对大量的数据进行清洗和分类，最终得到所需的数据信息。数据清洗的原理是通过分析携带信息量较低的数据的产生原因和存在形式，利用现有的技术手段和方法去清洗、纠正这些数据，将原有的不符合要求的数据转化为满足数据质量或应用要求的数据，从而提高数据集的数据质量，保证数据的有效分析与应用。

（四）数据分析加工

通过各项数据分析所形成的对比、占比、趋势等可视化分析报告，有利于企业合理制定充分利用旅游资源的应用策略。例如，对游客大数据进行深入分析挖掘，掌握消费者的旅游信息需求特征，包括目标消费者类型、情感、获取信息渠道等，可以促进旅游营销；而对游客消费数据的分析可以提早预测旅游企业经营策略，优化旅游产品结构。数据分析加工使得政府、企业、景区等各方具备在大量数据中发现规律的能力，使得那些拥有大数据项目的企业能以一种全新的方式向消费者销售旅游产品，更好提升旅游服务，从而实现旅游产业的智慧化建设。

（五）数据可视化

数据可视化是对数据进行分析处理后的一种表达结果，是表现数据价值的一种方式。可视化技术是利用计算机图形学和图像处理技术，将数据转换成图形或图像在屏幕上显示出来，并进行交互处理的理论、方法和技术，可以为政府、企业、景区等各方提供更为清晰、直观的，可供观察、模拟和计算的数据图表，可以有效提升综合管理监控能力，提升旅游业务的服务能力。例如，建立智慧旅游数据可视化大屏管理系统能有效统计分析旅游相关方内外部的数据，包括即时人流量、各时间段人流量、历史时间人流量等数据，并以数据图表的方式形象化展现，使得工作人员能够即时查询相匹配监控点的人流量总数，对重要地区进行实时监测和预警信息处理，提升处理预警信息的工作能力。

（六）数据安全

智慧旅游项目在建设过程中能够获取很多数据信息，旅游行业如何合规使用、保证数据的安全是当前智慧旅游发展的重要议题。从数据获取方式来说，智慧旅游发展至今，从游客在游前通过各大平台查询景区、酒店信息就开始产生了浏览路径，到选定目的地景区、酒店等后会实名制购买景区门票和预订酒店房间，这意味着景区和酒店可以通过微信小程序、PC 端官网等方式合规获取数据，如游客的性别、年龄、手机号以及联动车牌信息、常住地信息等。因此，通过现代化技术对海量数据进行保护是保障智慧旅游应用的系统数据安全的重要途径，可以有效提高智慧旅游的可信度和可靠性。

三、业务层

（一）智慧管理

1. 从政府出发的智慧管理

第一，政府应建立大数据中心，实现综合管理指挥职能。智慧综合管理指挥平台是指为各地旅游部门打造的集视频巡查与智能布控、挂图监测、预警处置、可视化指挥调度于一体的智慧旅游建设综合管理平台。平台通过监控视频、图像、前端采集数据等的综合分析研判来对旅游资源与地理信息进行融合展示，从而可以构建涉旅相关方共享协同机制，提升群治效能，提高网格化精细管理的水平。

第二，强化市场经济运行大数据监测分析，提升市场经济调节能力。政府应该立足智慧旅游新发展阶段，构建政府智慧旅游新发展格局，将数字化技术广泛应用于政府管理服务，推进政府市场经济监测流程优化、模式创新和职能提升。构建数字化、智能化的政府市场经济监测新体制机制，充分发挥智慧政府建设对市场经济运行的引领管制作用。

第三，实行电子合同管理是推动智慧旅游高质量发展的重要路径。近年来，为推动旅业业规范化、智慧化发展，国家旅游监管部门相继出台各项政策，支持旅游行业使用电子合同，以构建更安全可信的签约环境，提升旅客的服务体验。例如，督促旅行社按照"一团一报"制度，在全国旅游监管服务平台填报旅游团队信息，上传电子合同；整合全国旅游电子合同等数据，构建全省旅游团队监管平台，进一步规范旅行社、导游和涉旅企业的经营服务行为，避免因导游、旅行社随意变更行程或增加服务项目侵犯游客合法权益。这可以有效提高旅行社业务效率和服务水平，推进旅游管理智慧化建设。

第四，实行景区分时预约管理。随着信息化技术的发展，景区智慧化建设成为提升景区竞争力、管理能力、服务能力的重要手段。智慧景区的精细化管理和精准化、定制化服务等将成为景区进一步智能化的重要发展方向。智慧化建设可以使景区实现实名制分时预订、预约管理，帮助景区实现安全、高效、规范、自动化的智慧票务管理。其具体操作如下：票务平台的管理人员根据协议为旅行社在平台的账号分配可预订的产品内容及可预约的数量等信息，以供游客自行购票，这可以为游客提供良好的旅游体验。

第五，应急指挥与监测。智慧旅游应急指挥平台是智慧旅游的"中枢大脑"，建立智慧旅游突发事件应急指挥中心有利于面对突发情况时发挥职能效应，进行应急指挥协调，提高突发事件应急处置能力。智慧旅游应急指挥平台可进行集中实时监控、预警，集中为游客提供便民服务，便于各部门工作人员快速发现问题、处置事件，为各级领导提供指挥和决策支持，实现对景区、旅游集散地、线路和区域的突发事件应急处理及客流预测预警。

2. 从企业出发的智慧管理

第一，构建智慧旅游管理平台以实现景区、酒店、旅行社内部管理。以景区为例，结合物联网、大数据、云计算等现代化技术，构建景区智慧旅游管理平台，对其内部实现管理职能，可实现电子票务、停车信息、应急调度等多种数据的综合管理，可以节约企业对景区管理方面人力、物力的成本投入，同时也能打造全新的旅游管理模式。以智慧旅游管理系统为基础，通过广泛的信息获取和对环境的透彻感知以及科学有效的信息处理，可以最大化创新旅游企业的内部管理模式，有效提高旅游企业的运行效率。

第二，平台型企业智慧管理。平台型企业是基于双边网络双方点对点的价值交换，使得旅游交易效率更高、流程也更精简，消除了一定的信息差。平台型企业以在线旅行社、在线旅行商为代表，以互联网为基本业务平台，以电子信息技术和移动电子商务等高新技术为支持，主要开展在线经营旅游咨询、在线订购与交易、电子导游、旅游定位系统、网上虚拟旅游、旅游搜索等业务。对平台型企业进行智慧化的内部管理能有效加大旅游信息的整合力度和扩大旅游信息的范围，促进旅游行业的智慧化建设，显著提升用户的体验。

第三，其他类型企业管理。智慧旅游的不断快速发展有效改变了我国传统旅游管理模式，积极推进了现代化管理模式的运用。通过充分利用现代化信息技术，其他类型企业能够及时监督、控制旅游信息，同时能够有效提高旅游管理效率，能够有效维护旅游秩序，提高旅游管理的科学性。通过搭建特殊的旅游技术平台，企业能够不断推动旅游产业的创新，实现智慧旅游愿景。

（二）智慧服务

在智慧服务方面，旅游目的地（包括景区）应为游客提供旅游基础信息服务以及基本功能服务。

从旅游基础信息服务来看，旅游目的地（包括景区）可以利用大数据应用平台为游客提供导航、公共信息等基础信息服务。以苏州市旅游咨询中心为例，站在旅游咨询中心大厅的三维实景电子沙盘前，游客只需点击"虚拟旅游"就能随着大屏幕在景点里"游玩"一番，并能查询到电子地图、智能公交、火车车次等。旅游咨询中心可以为游客提供咨询宣传、线路推荐、投诉接待、应急援助、购票、导游讲解等服务，为旅游市场提供服务引导。近年来，全国各地不断采取建立旅游咨询中心、游客服务中心、旅游咨询网站以及开通咨询热线等多种方式来优化旅游公共信息服务。建设智慧旅游服务网络可以利用旅游部门信息化资源，搭建智慧旅游信息服务平台。

从基本功能服务来分析，旅游目的地（包括景区）可借助一体化软件和全域旅游导览系统为游客提供自助导览、语音导览、AR/VR（AR，Augmented Reality，增强现实。VR，Virtual Reality，虚拟现实。）沉浸式体验、延伸消费、数据及时更新等服务。以景区智慧导览系统为例，景区智慧导览系统将精美手绘地图与智能软件服务相结合，让游客通过手机即可获取一对一的智慧导游服务，满足游客景区信息查找需求，帮助景区实现全景展示、景点讲解、路线推荐、信息传递等一体化导览服务，从而提升景区服务质量、改善游客浏览体验。目前，景区智慧导览系统功能越来越全面，除了定位和导航服务，游客还可以点击景点图标浏览图文介绍，或扫描景区对应景点粘贴的二维码浏览相关信息，收听中文、英语等任一语言语音讲解，在游览过程中体会景点的文化内涵。游客还可以查询景区公共服务设施的位置，地图上会显示其位置，并将游客导航到附近。有些软件还可以跳转到第三方 VR 全景系统，游客可以在门票、酒店、商城等第三方预订系统进行支付。智慧导览、AR/VR 沉浸式体验等作为游客游玩和景区管理的提升要点，有利于推动旅游目的地数字化建设、提高旅游目的地服务质量、促进旅游行业进一步向智慧化发展。

（三）智慧营销

智慧营销平台的前提是全域的数据打通。[①] 智慧营销基于旅游大数据平台对游客进行精准定位与精准营销，全方位整合各业态数据，进而制定有针对性的营销方案和策略。

从旅游目的地（包括景区）方面来分析，第一，对智慧旅游品牌进行构建，不断整合资源形成文旅融合发展新格局，如推出智慧旅游服务平台，规划设计出旅游目的地特色旅游线路与产品，制定出自驾游行程安排等。第二，针对旅游目的地独有的自然风光和人文景观，进行全矩阵式内容生产，包括但不限于短视频、图片、文本等形式，展现出旅游目的地的独特性与市场定位，同时使得内容生产可持续化、系列化，源源不断地吸引游客，进行推广营销与宣传，加强引流效应。第三，通过多种渠道扩展营销宣传面，如微信公众号、微博、小红书等，不同的平台用户画像不同、目标人群和宣传方式也不同，因此要对不同的渠道进行一对一的宣传推广和管理经营，全方位强化自身的独特内容及生产特点，进而吸引游客关注，为智慧营销打下坚实基础，实现宣传效应最大化。第四，注重游客对旅游体验的反馈，并有针对性地进行改造优化，把游客满意度与评价作为智慧旅游建设的核心，应从多渠道重点关注游客对旅游目的地智慧旅游建设的满意度现状探讨与反馈，从而进行优化提升，最终为游客提供更加优质、便利的服务，带给游客更好的旅游体验。第五，对生产好的内容进行销售、策划，尤其要注重电商运营平台的宣传推广，扩大对旅游目的地文化旅游品牌的宣传，开展一系列旅游活动，进一步宣传旅游目的地文化旅游资源，扩大其知名度，提升其旅游形象。

从平台企业方面来分析，首先，要注重流量的发展扩大，以进一步提升平台企业的流量数据，扩大目标人群覆盖面。其次，通过提取平台上游客发表的评价和体验感悟的关键词，进而对自身的智慧营销方向与方式进行梳理和总结，形成提升要点，为智慧营销建设实践做好基础信息工作。最后，有针对性地对游客体验数据进行转化提升，进而推动智慧营销的高质量发展，为游客提供更加优质的产品与服务，不断扩大宣传的覆盖面。

（四）智慧体验

智慧体验指智慧设施使用体验，具体包括沉浸式体验、主题演艺、光影秀、5D 设施动感体验、剧情 IP 空间类体验。

---

① 杨楠楠. 数据产品经理 ［M］. 北京：机械工业出版社，2020：112.

第一，沉浸式体验即运用全息投影、AR、VR等科技手段，通过全景式的视觉、触觉、听觉、嗅觉交互体验，以游戏、情境感音频和视频、戏剧游乐设施、装置性空间展览等为输出途径，使游客有一种身临其境、沉浸其中的感觉。

第二，主题演艺。在文旅融合背景下，旅游演艺企业以特色历史文化内容为基础，将文化、创意、科技三者结合，对不同领域的技术进行创新性跨界组合运用。运用创意与数字化手段，通过将三维技术融入舞美影像制作，把声、光、电、影、音整合为震撼的舞台视听综合呈现。

第三，光影秀。人们利用声、光、电等一系列连环视觉特效来打造光影秀，呈现一场精彩的视听盛宴，让游客获得无比震撼、超乎想象的感官体验。

四、模式层

（一）创新商业模式

中国旅游业已经从大众观光的"门票旅游时代"向深度休闲度假的"泛旅游时代"转变，智慧旅游新商业模式也随之应运而生。创新商业模式指通过整合线上线下资源以及进行新媒体营销，对旅游目的地的商业模式不断探索、实践与创新，进而实现全价值链旅游生态圈。通过"互联网+"为智慧旅游赋能，创新智慧旅游行业发展新渠道与新通路，以实现智慧旅游商业模式的改进与提升。

（二）业态（文旅）融合模式

业态（文旅）融合模式是指对旅游目的地资源进行分析研究，广泛应用数字化、智慧化手段，大力发展"旅游+"跨界融合模式，不断融合新业态，改变以单一旅游形态为主导的旅游产业结构，构建起以旅游为平台的复合型智慧旅游产业结构。进而发展全域旅游，打造精致的旅游业态，推动智慧旅游高质量发展。

（三）平台运营模式

平台运营模式是指在智慧旅游中运用"一机游"智慧旅游平台、智慧旅游综合服务管理平台等的模式。以"一机游"为例，"一机游"通过深度整合物联网、云计算、人工智能等技术，打通所有智能设备和信息平台的数据链路，促使大数据管理模式形成，推动景区、旅游集团、行政区域的旅游产业高度智慧化，全面创新旅游服务、营销和管理。

（四）数据共享模式

数据共享模式是指通过多源数据的接收整合、挖掘分析与形象展示，构建数据平台的分级开放体系，建设相应的共享数据库，并进行管理和调用。通过大数据共享交换技术向政府部门、企事业单位、社会公众提供数据信息服务，实现旅游客流、旅游消费和旅游服务数据共享。

五、对象层

智慧旅游目标对象层主要包括涉旅企业（景区、旅行社、酒店等）、游客、政府、IT 公司及互联网平台。涉旅企业包括旅游景区、旅行社、酒店等；政府包括以政府为代表的目的地的旅游主管部门和客源地的旅游主管部门；IT 公司及互联网平台包括旅游互联网公司等。它们共同构成了智慧旅游的服务对象，体现了智慧旅游以人为本的核心理念。[①]

第三节　智慧旅游的功能和价值

一、智慧旅游的功能

（一）导航功能

将位置服务（LBS）加入旅游信息中，让游客随时知道自己的位置。确定位置有许多种方法，如 GPS 导航、基站定位、Wi-Fi 定位、RFID 定位、地标定位等，未来还有图像识别定位。其中，GPS 导航和 RFID 定位能获得精确的位置。但 RFID 定位需要布设很多识别器，也需要在移动终端上（如手机）安装 RFID 芯片，离实际应用还有很大的距离。GPS 导航应用则要简单得多。一般智能手机上都有 GPS 导航模块，如果用外接的蓝牙、USB 接口的 GPS 导航模块就可以让笔记本电脑、上网本和平板电脑具备导航功能，个别电脑甚至内置有 GPS 导航模块。GPS 导航模块接入电脑可以将互联网和 GPS 导航完美地结合起来，进行移动互联网导航。

---

① 邓宁. 智慧旅游导论［M］. 武汉：华中科技大学出版社，2023：22.

传统的导航仪无法做到及时更新，更无法查找大量的最新信息。而互联网则信息量大，但无法导航。高端的智能手机有导航，也可以上互联网，但二者没有结合起来，需要在导航和互联网之间不断地切换，不太方便。

智慧旅游将导航和互联网整合在一个界面上，地图来源于互联网，而不是存储在终端上，无须经常对地图进行更新。当 GPS 确定位置后，最新信息将通过互联网主动地弹出，如交通拥堵状况、交通管制、交通事故、限行、停车场及车位状况等，并可以查找其他相关信息。与互联网相结合是导航产业未来的发展趋势。通过内置或外接的 GPS 设备/模块，用已经连上互联网的平板电脑在运动中的汽车上进行导航，位置信息、地图信息和网络信息都很好地显示在一个界面上。随着位置的变化，各种信息也及时更新，并主动显示在网页上和地图上。这体现了智慧旅游直接、主动、及时和方便的特征。

（二）导游功能

在确定了位置的同时，在网页上和地图上会主动显示周边的旅游信息，包括景点、酒店、餐馆、娱乐、车站、活动（地点）、旅游团友等的位置和大概信息，如景点的级别、主要描述等，酒店的星级、价格范围、剩余房间数等，活动（演唱会、体育运动、电影）的地点、时间、价格范围等，餐馆的口味、人均消费水平、优惠等。智慧旅游还支持在非导航状态下查找任意位置的周边信息，拖动地图即可在地图上看到这些信息。周边的范围大小可以随地图窗口的大小自动调节，人们也可以根据自己的兴趣点（如景点、某个朋友的位置）规划行走路线。

（三）导览功能

点击（触摸）感兴趣的对象（景点、酒店、餐馆、娱乐、车站、活动等），可以获得关于兴趣点的位置、文字、图片、视频、使用者的评价等信息，深入了解兴趣点的详细情况，供游客决定是否需要它。

导览相当于一个导游员。我国许多旅游景点规定不许导游员高声讲解，而采用数字导览设备，如故宫，需要游客租用这种设备。智慧旅游则像是一个自助导游员，有比导游员更多的信息来源，如文字、图片、视频和 3D 虚拟现实，游客戴上耳机就能让手机和平板电脑替代数字导览设备，无须再租用这类设备。

导览功能还将建设一个虚拟旅行模块，只要提交起点和终点的位置，即可获得最佳路线建议（也可以自己选择路线），推荐景点和酒店，提供沿途主要的景点、酒店、餐馆、娱乐、车站、活动等资料。如果认可某条线路，游客则可以将资料打印出来，或储存在系统里随时调用。

（四）导购功能

经过全面而深入的在线了解和分析，游客已经知道自己需要什么，那么，可以直接在线预订（客房/票务）。游客只需在网页上感兴趣的对象旁点击"预订"按钮，即可进入预订模块，预订不同档次和数量的该对象。由于是利用移动互联网，游客可以随时随地进行预订。加上安全的网上支付平台，游客就可以随时随地改变和制订下一步的旅游行程，而不浪费时间和精力，也不会错过一些精彩的景点与活动。[①]

二、智慧旅游的价值

（一）更好地为游客服务

智慧旅游的根本目的是从游客出发，基于物联网、云计算、定位技术，实现旅游信息的传递和交换，更好地为游客服务。首先，可以大大提升旅游体验，游客在旅游的整个过程中都能感受到"智慧旅游"带来的方便与快捷。其次，能够有效提升旅游安全保障。最后，可以更好地帮助游客制定旅游计划并形成旅游决策。

（二）实现科学的旅游管理

智慧旅游在为游客服务的同时，也将实现传统旅游模式向现代旅游模式的转变。一是通过现代信息技术，主管部门能够实现更加及时的监督和实时管理。二是可以更好地维持旅游秩序，有效处理旅游质量问题，实现与交通、公安、卫生等部门的信息共享和协作。智慧旅游加深了旅游管理部门、游客、旅游企业和旅游景区的联系，高效整合了旅游资源，实现了科学的旅游管理。

（三）改变旅游的营销方式

智慧旅游通过旅游数据的分析，最大限度地挖掘了游客的兴趣点，引导了旅游企业策划符合游客需求的旅游产品，制定相应的营销模式，从而推动了旅游行业的产品创新和营销创新。

---

① 李怡靖. 云南旅游景点与旅游产业数字化发展研究 下［M］. 昆明：云南科技出版社，2021：38.

（四）加快智慧城市建设

智慧旅游也是智慧城市建设的重要组成部分。智慧旅游与智慧交通、智慧医疗、智能公共安全等其他智慧系统密切联系，通过信息交互平台构建通畅的交互和管理协同机制，共同促进智慧城市的建设。①

（五）提升景区的互动体验质量

智慧旅游战略不仅包括智慧旅游景区的建设，还包括智慧城市、智慧交通、智慧酒店、智慧餐饮等，智慧旅游的信息化水平与人们信息生活相互推动。随着旅游景区"数字化"建设逐步被"智慧化"建设所取代，更高阶的信息服务成为人们旅游生活的必要组成部分，信息化的服务改变并提升旅游互动体验的质量。

第四节　智慧旅游的发展趋势和应用

一、智慧旅游的发展趋势

（一）产业融合逐步推进

在"互联网+"的大背景下，旅游业以其关联度高、产业链长、带动性大等特点，不断加深其与交通行业、通信行业、游戏行业等领域的交叉融合，催生着"旅游大数据""虚拟旅游体验"等新业态的产生与发展，成为当下产业融合的典型行业领域，并将在新技术、新模式的氛围中继续保持其产业融合的势头。

（二）更为依赖技术支撑

智慧旅游以高科技为基础，为旅游主管部门、游客、社区居民、旅游企业提供便捷的服务、管理及营销支撑，不断提升游客的体验质量，成为现代服务业与科技结合的典范，因而拥有广泛的应用前景。而要保证智慧旅游全面健康可持续发展，就需要加强对云计算、物联网等新型信息技术的创新研究，加强

---

① 雷晓琴，谢红梅，范丽娟. 旅游学导论 [M]. 北京：北京理工大学出版社，2018：153.

对网络与信息安全的维护，为构建一个安全开放、自由有序的和谐智慧旅游体系提供坚实的保证。

（三）评价标准需求日盛

评价是对智慧旅游运行效果的客观衡量，对智慧旅游的发展完善具有重要意义。对智慧旅游的评价体系应建立在资源配置层评价、数据采集与处理层评价、业务应用层评价、客户感知层评价四层模型基础上。智慧旅游评价指标体系可以分为硬件支撑系统、综合应用系统和应用价值评价三部分，并构建了二级指标体系。现阶段，越来越多涉旅企业的管理者对"智慧"理念开始有了明确全面的认识，但旅游企业的智慧化建设水平较低，没有形成统一的标准。因此，将来智慧旅游景区、智慧旅游酒店、智慧旅行社服务及管理必将形成统一的标准规范，共同提升旅游业服务和管理的水平。

（四）系统研究成为方向

在研究方法方面，针对智慧旅游的现有研究以定性研究为主，侧重于智慧旅游理论、基本概念分析、内涵价值探讨、模式设计、特定地区智慧旅游建设思路和发展战略的一般性探讨，研究基本处于描述的初级阶段，规范分析和演绎分析的运用尚未出现，缺乏体系化、数量化、规范化的理论研究成果。在今后的研究中，应更注重定量分析方法的使用，以保证在量化分析的基础上为定性研究的观点提供有力的逻辑支持，使研究更严谨科学。强化理论研究，完善相关理论体系建设，重视基础建设。学界对基础概念的定义关注形式较多，对其涵盖的内容、范畴理解不一致，导致相关理论体系不完善。当前，应对智慧旅游的基本概念和原理进行更深入的探讨，并形成统一的理论体系，为智慧旅游应用提供有效的指导。

（五）区域智慧旅游渐热

云平台对大数据的处理技术使城市旅游的发展与区域旅游一体化的发展相契合。推动智慧旅游的发展能够重新整合涉及旅游各要素的数据并高效利用它们，如建设富有特色的区域旅游环线、加快区域旅游一体化发展、提高区域旅游的竞争能力。因此，智慧旅游能够依托城市群同城化的发展背景，整合一定区域的旅游资源，促进旅游和其他产业融合，加速区域内交通圈发展，形成旅游产业带动区域经济发展的新格局，同时又反向拉近城市群内城市间距离，带动城市群经济整体提升，推动城际交通圈的发展与完善，为实现城市群同城化、一体化起到助推作用。所以，区域一体化与智慧旅游一体化的融合将成为未来智慧旅游发展的一个重点。

（六）旅游成为生活方式

智能手机的迅速普及、各种应用软件的开发运营使信息和服务能够高效地在每一个用户间传递，未来旅游将更加便捷和人性化，一体化串联的食、住、行、游、购、娱等全场景的服务和管理能够使游客在旅游的过程中畅享科技带来的智慧生活，从而使旅游成为一种生活方式。基于体验的旅游活动将弥合网络和现实之间的分异，从某种程度上使人们能够更加自由地实现所选择的旅游需求，获取渴望的幸福感和获得感。

（七）信息共享成为时代潮流

如果未来的旅游更加关注人们的旅游体验，是一种高层次的满足和自我实现，那么，信息的共享将成为一种时代潮流。人们通过信息共享能够更好地整合资源，优化产品，促进旅游形式的不断创新。同时，信息共享还能够使人们彼此交流旅游的心得体会。这将对智慧景区、智慧酒店以及服务和监管提出更高的要求，在一定意义上，正是信息共享的浪潮推动着旅游智慧化不断向前发展。旅游体验和信息共享将成为未来智慧旅游发展的重要推动力量。[①]

二、智慧旅游的基本应用

（一）智慧旅游的应用对象

智慧旅游有针对的对象，这里的对象主要表现为旅游公共管理与服务部门、游客、旅游企业与目的地居民。以往，目的地居民没有被纳入旅游的基本框架之内，但智慧旅游将目的地居民纳入自己的框架中，认为目的地居民能为游客提供服务，而且他们提供的服务还能让游客对目的地产生深刻的印象，从而促使他们可能还会再来，或者将自己的旅游体验分享给其他人。

智慧旅游所构建的应用系统面向四类对象，因此，在实际构建并应用的过程中，其必须考虑应用主体本身的需求，甚至要满足他们的需求。比如，智慧旅游在面向游客时，其不仅面向游客自己本身的需求，而且还会面向游客与政府、企业之间的需求。

---

① 方明. 河南智慧旅游发展趋势分析 [J]. 智库时代，2020（33）.

（二）智慧旅游的应用架构

　　智慧旅游需要获得许多技术的支持，这里的技术主要包括物联网技术、云计算技术与大数据技术等，这些技术能促进智慧旅游快速发展。正是因为这些技术的作用，智慧旅游中涉及的信息基础设施、商业基础设施等都可以被连接起来，它们共同构成了智慧化基础设施发展的前提与基础，也能让旅游业相关部门共同分享资源，在互相协作中实现智慧旅游的发展。

第二章　智慧旅游技术（一）

旅游的核心模式就是以时间和物质资源换取精神的收获与满足。所谓好的旅行，就是游客在这一过程中，实现了资源利用效用的最优化，并获得了游客期望的满足感。然而，无论追求何种收获与满足，全面的信息掌握、精确的计划制订、灵活的行程备选、便捷的服务交互都是旅游中必不可少的。所谓智慧旅游，也是要让普通人也可以轻松地实现精确、简约的旅行。目前，支撑智慧旅游的技术逐渐成熟和完善，打造智慧旅游的时机已经到来。

第一节　互联网技术

一、互联网概述

计算机网络"互联"是指这些计算机网络从功能上和逻辑上已经组成了一个大型的计算机网络，称为互联网。互联网是指将两台计算机或者是两台以上的计算机终端、客户端、服务端通过计算机信息技术的手段互相联系起来，人们可以与远在千里之外的朋友相互发送邮件、共同完成一项工作、实现资源共享。

互联网起源于 20 世纪 60 年代的阿帕网，1969 年到 1983 年是互联网的形成阶段，从 1983 年开始逐步进入实用阶段，20 世纪 90 年代以来，互联网在全世界得到了广泛应用。20 世纪 80 年代初，美国远景研究规划局和美国国防部通信局成功研制了 TCP/IP 协议（Transmission Control Protocol / Internet Protocol，传输控制协议）并在阿帕网上得到实现，使得该协议在世界流行起来，从而诞生了真正的互联网。

二、互联网协议体系结构

网络协议（Protocol），是使网络中的通信双方能顺利进行信息交换而双方预先约定好并遵循的规程和规则。一个网络协议主要由以下 3 个要素组成。

语义：规定通信双方彼此"讲什么"。

语法：规定通信双方彼此"如何讲"。

同步：语法同步规定事件执行的顺序。

互联网采用层次化的体系结构，采用在协议中划分层次的方法，把要实现的功能划分为若干层次，较高层次建立在较低层次的基础上，同时又为更高层次提供必要的服务功能。高层次只需调用低层次提供的功能，而无须了解低层次的技术细节，只要保证接口不变，低层次功能具体实现办法的变更也不会影响较高一层所执行的功能。OSI 是 Open System Interconnection 的缩写，意为开放式系统互联。OSI 参考模型包括 7 层，分别是物理层、数据链路层、网络层、传输层、会话层、表示层和应用层，各层的主要功能如下：

（1）物理层：其主要功能是利用物理传输介质为数据链路层提供物理连接，以便透明地传送比特流。

（2）数据链路层：数据链路层在物理层提供比特流传输服务的基础上，在通信的实体之间建立数据链路连接，传送以"帧"（Frame）为单位的数据，采用差错控制、流量控制办法，使有差错的物理线路变成无差错的数据链路。

（3）网络层：其主要功能是要完成网络中间"分组"（Packet）的传输。

（4）传输层：其主要任务是向上一层提供可靠的端到端（End-to-End）的服务，确保"报文段"（Segment）无差错、有序、不丢失、无重复地传输。

（5）会话层：其功能是建立、组织和协调两个互相通信的应用进程之间的交互（Interaction）。

（6）表示层：表示层主要用于处理在两个通信系统中交换信息的表示方式。

（7）应用层：应用层确定进程间通信的性质，以满足用户的需要。

当前互联网采用的是传输控制协议参考模型，包含 5 层：物理层、网络接口层、互联网层、传输层和应用层。其中传输控制协议参考模型的应用层对应于 OSI（Open System Interconnection，开放式系统互联）参考模型的会话层、表示层和应用层。传输控制协议参考模型的各层功能如下。

（1）物理层：物理层对应低层网络的硬件和协议。如局域网的 Ethernet（以太网）、ATM（Asynchronous Transfer Mode，异步传输模式）等。

（2）网络接口层（网络访问层）：它是传输控制协议的最底层，该层的协议提供了一种数据传送的方法，将数据分成帧来传送，它必须知道低层次网络的细节，以便准确地格式化传送的数据。该层执行的功能还包括将 IP 地址映射为网络接口层使用的物理地址。

（3）互联网层：互联网层主要功能是负责将数据报送到目的主机。包括：处理来自传输层的分组并发送请求，将分组装入 IP 数据报，选择路径，然后将数据报发送到相应数据线上，处理接收的数据报，检查目的地址，若需要转发，则选择发送路径转发，若目的地址为本结点 IP 地址，则除去报头后，将分组交送传输层处理，处理互联网路径选择、流量控制与拥塞控制问题。

（4）传输层：传输层主要功能是负责应用进程之间的端到端的通信。该层中的两个最主要的协议是传输控制协议（TCP）和用户数据报协议（UDP）。TCP 协议是一种可靠的面向连接的协议，它允许将一台主机的字节流无差错地传送到目的主机。TCP 同时要完成流量控制功能，协调收发双方的发送与接收速度，达到准确传输的目的。UDP 是不可靠的无连接协议，它主要用于不要求分组顺序到达的传输中。分组传输顺序检查与排序由应用层实现。

（5）应用层：应用层是 TCP/IP 协议簇的最高层，它规定了应用程序怎样使用互联网。它包括远程登录协议、文件传输协议、电子邮件协议、域名服务协议以及 HTTP 协议（Hyper Text Transfer Protocol，超文本传输协议）等[①]

三、基于网络的营销推广新技术

（一）社会化商务

社会化商务利用社交网络所具有的用户资源、关系资源和内容资源进行商品和服务的营销，通过建立多维交互式的信息沟通渠道收集用户信息，挖掘用户潜在购买需求，通过基于关系的精准推荐来提升用户对于商家和产品的信任度，最终促进交易的达成。

如今，越来越多的企业开始采用社会化商务来增强合作。社会化商务被定义为一个以互联网为基础的商务应用，它利用微博、微信等社交网络平台、企业内部社会化工具以及其他支持社会互动与用户生成内容的技术等，来增强企业与员工、客户以及供应商之间的交流互动，使员工能够建立个体档案、建立群组，以及跟踪其他人的状态更新，最终帮助顾客在网上市场与社区中做出决策，获取产品与服务。

社会化商务的目的在于加深企业内外群体之间的交互性，促进与提升信息共享、创新和决策。

---

① 张勇，张丽伟. 物联网技术及应用研究 ［M］. 延吉：延边大学出版社，2020：22.

（二）移动营销

移动互联网不会受到时间和空间的约束，消费者与企业可以随时进行信息交换，使得企业和消费者之间可以不受空间限制进行交易。移动营销能够实现即时、直接、交互沟通，通过移动渠道来规划和实施想法，对产品或服务进行定价、促销。

移动营销是利用无线通信媒介作为传播内容进行沟通的主要渠道、并与传统互联网有机结合、使用移动终端和设备所进行的各类商务活动，它是互联网营销的一部分，根据发生的对象主要分为用户对用户（P2P）、商家对商家（B2B）、商家对消费者（B2C）、消费者对消费者（C2C）等几类。

（三）互动营销

每一次媒体形态的进步都会促进营销产业的发展，互联网带来的互动性媒体形态变化是营销产业实现跨越式发展的重要契机。互联网发展实现了发现精准客户的可能，在这种情况下，互动营销依托于新媒体和互联网技术应用而产生。

互动营销的主要应用模式有微信营销、微博营销、App 营销等多种形式。

1. 微信营销

微信营销是通过微信平台向用户推广企业产品及公司品牌的一种新型营销模式。

当新的即时通信工具发展成为一种社交媒体之后，便具有了传播功能，微信营销不受时空的限制，用户可根据自身需求主动关注企业微信号，与企业形成紧密的联系。商家则通过微信公众平台向微信用户提供他们所需要的信息，推广自己的产品，从而实现点对点、面对面的营销。微信营销基于微信所支持的熟人社交，利用用户在朋友圈内与其好友之间一对一的沟通交流方式和人际信息传播路径，通过多种形式扩散产品和服务的推广信息，与用户建立强联系，进而推动用户的主动传播，形成口口相传的口碑效应，以此实现对产品营销的促进作用。

作为一种新兴的营销工具，微信营销颇受企业和个人青睐，已经有不少的企业和个人从中获益。

2. 微博营销

微博营销是一种基于新媒体的网络营销方式。组织或个人利用微博快速进行企业文化宣传、品牌推广、市场营销、广告投放、客户管理、危机公关等营销活动。

微博作为集成了手机短信、社交型网站、博客等多个产品功能的新型媒介，成为企业无法忽视的营销渠道。微博营销在企业微博、代言人微博与用户微博的有机结合下，通过博主发布产品信息、宣传企业文化等进行一系列网络营销活动，逐步构建起一个有固定受众的互动交流平台。微博用户既是微博信息的生产者，也是微博信息的消费者和营销对象。微博营销所进行的信息传播不同于传统营销方式的全面化，而是呈现出碎片化传播的特点，具有成本低、传播效果好的优点。

3. App 营销

App（Application，应用程序）指的是平板电脑及智能手机等移动终端上的第三方应用程序。

应用程序营销是利用移动互联网等第三方移动平台发布应用程序，通过应用程序对消费者进行营销，吸引用户下载使用，以此进行发布产品、活动或服务、品牌信息等的一系列营销活动，它通过手机等移动设备、社区或 SNS（Social Networking Service，社交网站）等平台上运行的应用程序来开展营销活动。

随着智能手机和平板电脑等移动终端设备的普及，我们已经处在了一个移动互联网时代，应用程序营销成为各大广告主进军移动营销的战场。目前国内各大电商都拥有了自己的应用程序客户端。

四、互联网背景下发展智慧旅游的重要意义

大力发展智慧旅游，可以优化旅游信息，提高旅游服务总体质量。随着我国社会经济的高速发展，发达便利的交通运输行业带动了旅游行业的发展。越来越多的人喜欢到处旅游来陶冶情操以及丰富自己的生活。但是在实际生活中，很多旅游公司设置的旅游景点量并不能完全满足人们的需求，导致一些有旅游计划的人不能如愿出行。

就目前情况而言，有意愿旅游的人大多来自社会上的青年群体，由于年龄与工作性质的原因，这些人在日常生活中经常使用智能手机，互联网是他们获取信息的重要渠道，但实际上旅游行业通过互联网平台进行宣传活动的力度远远比不上餐饮服务等行业，如美团、饿了么等青年人群中的使用非常普遍，但青年人群在使用各种软件时很难找到旅游软件的身影。

旅游公司运用好互联网这一大平台，可以增加旅游信息密度，全力打造智慧旅游行业，有效地增加公司与潜在客户之间的联系，锁定更多潜在客户，了解客户需求，然后再根据实际情况进行旅游项目的策划，提高成交率与游客对旅游公司服务的满意度，提升旅游服务质量。

五、互联网背景下发展智慧旅游的路径

(一) 整合旅游信息

旅游项目有着自身独特的魅力,可以丰富人们的精神文化生活,与实物商品不同,每个人的体验会有所差异。基于此,智慧旅游的信息整合应是以客户为中心的整合,智慧旅游的目的在于提高游客对旅游公司相关产品与服务的满意程度,游客在旅游的过程中愿意购买旅游途中自己看上的一些商品。开展整合信息工作可以从以下内容出发,一方面旅游公司要准备大量的旅游信息,另一方面旅游公司要根据游客喜好进行分析研究。旅游对于游客来说具有综合性,游客既要考虑旅游景点,又要考虑食宿等问题。旅游公司要为游客提供各种各样的旅游信息,给游客制定详细的旅游思路,增加游客对旅游景点的认可,让游客通过自身喜好从旅游信息中进行选择。然后要根据游客的实际食宿等综合需求为游客推荐住宿、用餐、出行等,为游客解决旅游途中的主要问题。

(二) 合理地利用免费旅游信息

在社会高速发展的今天,很多公司为了吸引客户往往采用体验式服务的方式,让客户可以不用消费就能对相关产品进行良好的体验。基于此,旅游公司在宣传自己公司的旅游项目时可以合理地利用免费的旅游信息来吸引更多客户。

首先,免费旅游信息比较醒目,可以吸引很多潜在客户,提高旅游公司在当地的知名度,宣传公司实力。其次,人们通常会对自身体验的服务不自觉地产生一种主观的消费意识,但是对于其他自己并未意识去消费的消费服务,人们的主观消费意识还不够强,因为这样的信息不能引起人们的注意。旅游公司为潜在客户提供免费旅游信息,其实是通过客户的良好体验为自己公司的旅游项目做宣传。人们对于产品价格都是比较敏感的,但是免费旅游信息具有很强大的魅力,可以吸引很多潜在客户的注意,这些潜在的客户如果喜欢旅游公司的产品,就会成为公司的忠实客户。如此就可以大大提高公司的订单数量,有效地提高公司的竞争力。

(三) 拓宽旅游行业服务范围

互联网是旅游平台进行服务的载体。互联网通过旅游信息库、网上银行等方式利用开展商务化运作。互联网可为商家与潜在客户提供多领域的信息交流

平台，为人们提供便利，打造一个旅游生态圈，通过与其他行业融合，实现旅游行业的多向发展，智慧旅游的发展应是多方面的，是以旅游为中心向多方位服务辐射发展的旅游模式。旅游商务平台的应用拓宽了服务范围，涉及行业广泛，覆盖了所有应用互联网的人群。基于此，旅游商务平台打造了一个大型的人群社交服务平台。其中，企业招聘、电商、培训机构、酒店服务、交通信息等多渠道的信息在旅游商务平台得以有效链接，为各行业的发展带来便利，这样的综合性互联网商务平台也为旅游行业提供了可观的收益。智慧旅游可通过跨境电子商务平台进行一些虚拟旅游产品的跨境贸易活动，对落地免签的出入境政策进行合理利用得到发展，未来的发展空间十分广阔。

总之，发展智慧旅游的意义重大，在智慧旅游的发展中，旅游公司要解决公司与客户之间信息不统一的问题，并大力整合旅游信息，积极利用电子商务平台拓宽旅游服务的范围，加强对互联网技术与资源的研究，让智慧旅游实现智能化服务。①

第二节　物联网技术

一、物联网概述

（一）物联网的概念

物联网是将物品通过射频识别信息、传感设备与互联网连接起来，实现物品的智能化识别和管理。这体现了物联网的 3 个主要本质：一是互联网特征，物联网的核心和基础仍然是互联网，需要联网的物品一定要能够实现互联互通；二是识别与通信特征，即纳入物联网的"物"一定要具备自动识别与机器到机器通信的功能；三是智能化特征，即网络系统应具有自动化、自我反馈与智能控制的特点。

物联网中的"物"要满足以下条件：要有相应信息的接收器；要有数据传输通路；要有一定的存储功能；要有专门的应用程序；要有数据发送器；遵循物联网的通信协议；在网络中有被识别的唯一编号等。

通俗地说，物联网就是物物相连的互联网。这里有两层含义：一是物联网

---

① 王渔.互联网背景下智慧旅游的发展路径刍议［J］.中国市场，2019（18）.

是在互联网基础上延伸和扩展的网络，其核心和基础仍然是互联网；二是用户端延伸和扩展到了物品与物品之间进行信息交换和通信。物联网包括互联网上所有的资源，兼容互联网所有的应用，但物联网中所有的元素（设备、资源及通信等）都是个性化和私有化的。

（二）物联网的基本特征

1. 全面感知

利用 RFID、传感器、定位器和二维码等手段可随时随地对物体进行信息采集和获取。物联网的感知包括传感器的信息采集、协同处理、智能组网，甚至信息服务，以达到控制、指挥的目的。

2. 可靠传递

通过各种电信网络、移动通信网络和因特网融合，我们能对接收到的感知信息进行实时远程传送，实现信息的交互和共享，并进行各种有效的处理。在这一过程中，通常需要用到现有的电信网络（包括无线和有线网络）、因特网（包括无线和有线网络）和移动通信网络（3G、4G、5G 网络）。此外，物联网在网络信息传输方面还可以使用自组织网络、无线传感器网络、异构网络协同通信。

3. 智能处理

利用云计算、模糊识别等各种智能计算技术，对随时接收到的跨地域、跨行业、跨部门的海量数据和信息进行分析处理，能进一步提升对物理世界、经济社会各种活动和变化的洞察力，实现智能化的决策和控制。

（三）物联网的应用前景

物联网通过智能感知、识别技术和普适计算，被广泛应用于社会各个领域之中，因此被称为继计算机、互联网之后，信息产业发展的第三次浪潮。物联网并不是一个简单的概念，它联合了众多对人类发展有益的技术，为人类提供了多种多样的服务。IT 产业下一阶段的任务是把新一代 IT 技术充分运用在各行各业中，具体地说，就是把感应器嵌入和装备到电网、铁路、桥梁、隧道、公路、建筑、供水系统、大坝、油气管道等各种物体中，并且被普遍连接，形成物联网。在这一巨大的产业中，需要技术研发人员、工程实施人员、服务监管人员、大规模计算机提供商，以及众多领域的研发者与服务提供人员共同参与。可以想象，这一庞大技术将派生出巨大的经济规模。①

---

① 蒋加伏，胡静. 大学计算机［M］. 北京：北京邮电大学出版社，2022：265.

二、物联网的技术体系

物联网的具体应用要实现全面感知、可靠传输、智能处理、自动控制四个方面的要求，涉及较多的技术，技术体系比较复杂。从功能上讲，可以将物联网技术划分成三个层次。

（一）应用层——信息处理与服务技术

应用层的主要功能是把感知和传输的数据信息进行分析和处理，做出正确的控制和决策，实现智能化的管理、应用和服务。感知海量信息，并进行计算与处理是物联网的核心支撑，也是物联网应用的最终价值。

信息处理与服务技术主要解决感知数据的储存（如物联网数据库技术、海量数据存储技术）、检索（搜索引擎等）、使用（云计算、数据挖掘、机器学习等）问题，并对数据滥用的问题（数据安全与隐私保护等）进行防范。

对于物联网而言，信息的智能处理是核心。物联网不仅要收集物体的信息，还需利用收集到的信息对物体实现管理，因此，信息处理技术是提供服务与应用的重要组成部分，需要研究数据融合、高效存储、语义集成、并行处理、知识发现和数据挖掘等关键技术，攻克物联网和云计算中的虚拟化、网格计算、服务化和智能化技术。

（二）网络层——通信与网络技术

网络层是物联网信息传递和服务支持的基础，物联网需要综合各种有线及无线通信技术、组网技术实现物与物的连接。物联网中的网络形式，可以是有线网络或无线网络、短距离网络或长距离网络、企业专用网络或公用网络、局域网或互联网等。

物联网的许多应用，比如比较分散的野外监测点、市政各种传输管道的分散监测点、农业大棚的检测信息汇聚点、无线网关、移动的监测物体（如汽车等），一般需要远距离无线通信技术。常用的远距离通信技术主要有 GSM（Global System for Mobile Communication，全球移动通信系统）、GPRS（General Packet Radio Service，通用分组无线服务技术）、WIMAX（Worldwide Interoperability for Microwave Access，全球微波互联接入）、移动通信、卫星通信等。

从能耗上看，长距离无线通信往往比短距离无线通信具有更高的能耗，但其移动性和长距离通信的特性，使物联网具有更大的监测空间，以及更多有吸引力的应用。

（三）感知层——感知与识别技术

感知层是物联网发展和应用的基础，是实现物联网全面感知的核心。物联网的感知与识别技术主要实现对物体的感知与识别，包括射频识别（RFID）技术、GPS 定位技术、红外感应技术、声音及视觉识别技术、生物特征识别技术等，它通过被识别物品和识别装置之间的接近活动，自动获取被识别物品的相关信息，并提供给后台的计算机处理系统来完成后续相关处理。

下面主要介绍一下射频识别技术和传感器技术。

1. 射频识别技术

射频识别是一种非接触的自动识别技术，它利用射频信号及其空间耦合和传输特性进行非接触式双向通信，实现对静止或移动物体的自动识别，并进行数据交换。

RFID 由标签、读写器、天线三个基本部分组成。

第一，RFID 系统数据存储在射频标签中，其能量供应及与识读器之间的数据交换不是通过电流而是通过磁场或电磁场进行的。标签由耦合元件及芯片组成，每个标签具有唯一的电子编码，粘贴或安装在产品或物体上，用于标识目标对象。

第二，读写器由耦合模块、收发模块、控制模块和接口模块单元组成，用来读取（有时还可以写入）标签中的数据信息，通常为手持式或固定式设备。

第三，在一套完整的 RFID 系统中，天线在标签和读写器间传递射频信号。当标签进入磁场后，天线接收读写器发出的射频信号，凭借感应电流所获得的能量发送出存储在芯片中的产品信息（Passive Tag，无源标签或被动标签），或者由标签主动发送某一频率的信号（Active Tag，有源标签或主动标签），读写器读取信息并解码后，送至中央信息系统进行有关数据处理。

RFID 具有识读距离远、识读速度快、不受环境限制、可读性好、能同时识读多个物品等优点。日常生活中普遍存在的 RFID 相关应用有公交月票卡、电子交通无人收费系统、各类银行卡、物流与供应链管理、农牧渔产品履历、工业生产控制等。

2. 传感器技术

传感器技术是一门涉及物理学、化学、生物学、材料科学、电子学、通信与网络技术等多学科交叉的高新技术，而其中的传感器是一种物理装置，能够探测、感受外界的各种物理量（如光、热、湿度）、化学量（如烟雾、气体等）、生物量，以及未定义的自然参量等。传感器技术正与无线网络技术相结合，综合传感器技术、纳米技术、分布式信息处理技术、无线通信技术等，使嵌入物体的微型传感器相互协作，实现对监测区域的信息采集和实时监测，形成集感知、传输、处理于一体的终端末梢网络。

传感器将物理世界中的物理量、化学量、生物量等转化成能够处理的数字信号，一般需要将自然感知的模拟信号通过放大器放大，由模/数转换器转换成数字信号，从而被物联网识别和处理。传感器由敏感元件、转换元件和其他基本电路构成。

敏感元件是指传感器中能直接感受（或响应）的被测量部分；转换元件指传感器中能将敏感元件感受（或响应）的被测量转换成电信号的部分；其他转换电路将转换元件输出的电信号进一步放大，经过整形、滤波、模/数转换等变换后，成为可识别的数字信号。目前，传感器在被检测量类型和精度、稳定性、可靠性、低成本、低耗能方面还没有达到规模应用水平，是物联网产业发展的主要瓶颈之一。[①]

三、基于物联网背景的智慧旅游创新模式构建

5G 技术与物联网技术实现了更进一步的融合，不断出现的新技术将我国旅游业的发展，尽快构建起完善的智慧旅游创新模式是旅游行业发展的当务之急。智慧旅游创新模式就是基于物联网管理模式的创新应用，将物联网管理模式应用于智慧旅游发展的架构中，通过政府鼓励和扶持、社会各界积极参与，以创新的模式来推动智慧旅游的发展，逐渐推动旅游行业朝着科学化、精细化、便捷化的方向发展。

（一）智慧旅游创新发展模式的顶层设计

智慧旅游创新发展模式的顶层设计就是以政府作为顶层设计的主导者，立足旅游产业发展的大格局，从旅游发展的整体态势出发，对智慧旅游的发展做出统筹规划、整体设计。

创建完善的管理机制，协调政府、企业和其他组织的资源，合理布局是智慧旅游创新发展的保障和必要条件，通过建立智慧旅游示范地，量化规范和标准评定，可加快智慧旅游在全国的推广发布智慧旅游发展的优秀典型案例名单，引导旅游企业逐步实现智慧化；加大资金投入在公共基础建设、人才培养方面的投入；完善相关的法律法规，解决在智慧旅游创新发展过程中可能出现的及已经出现的各种社会问题。政府作为智慧旅游创新发展的总设计师，要始终以服务为本为理念，带领全国旅游业的健康、开放、可持续发展。

---

① 陈薇. 大数据时代智慧旅游管理与服务 [M]. 北京：中华工商联合出版社，2021：52.

（二）智慧旅游创新模式的基层构建

智慧旅游创新模式的基层构建主要包括基础设施、应用层以及服务层三方面。三个层面相互影响、相互渗透。我国智慧旅游发展迎来全新的发展阶段，只有做好智慧旅游的基层构建，才能全面推进智慧旅游行业发展。

智慧旅游是借助信息技术在旅游发展上的应用，以网络、通信设施、计算机设备以及其他数字化设备做支撑，实现人工智能、云计算、物联网、区块链、5G、边缘计算、VR/AR 等技术的深度融合，释放信息挖掘及信息管理方面的能力，实现现代信息技术和旅游管理、旅游服务和旅游营销的深度融合，如：以蓝牙与红外传感技术优化酒店智能化管理与服务、FRID 技术实现实时自动识别、北斗定位技术做好对其位置的识别、"VR+旅游" 的模式优化旅游内容，激活景区发展的活力，给游客带来震撼的体验及感受、虚拟现实技术让民众足不出户就能身临其境般体验网络上的虚拟旅游资源。

（三）创新整合

智慧旅游作为一种基于物联网技术的创新管理模式，是以用户体验为核心的应用创新，整合旅游产业相关资源、平台，从而为民众提供更智慧化的服务及适需对路的旅游产品。

"全域旅游+区域旅游" 协调并进，能够挖掘区域旅游特色与发展优势，激发旅游活力，形成 "全域旅游+区域旅游" 的有机生态圈。对旅游资源的创新整合是推动未来智慧旅游发展的必经之路，也是智慧旅游建设的重要内容之一。将旅游产业及相关产业如酒店资源、餐饮产业资源、艺术品产业资源、交通资源等整合到智慧旅游大框架之中，能够带动产业结构的协调及综合，使旅游资源和旅游信息得到进一步系统化整合和深度开发应用。搭建政府管理平台加强对旅游行业的管理，搭建游客平台提供智能化旅游服务，搭建旅游企业平台实施精准化营销，是智慧旅游创新整合的几个重要方面。

智慧旅游的实现将给我国旅游业带来全新的发展，因此，进一步提高数字化、网络化、智能化开发及应用，加强创新服务、创新管理、创新产品、创新模式等的创新手段，全面提升智慧旅游服务水平，是实现旅游产业的可持续发展、开启我国智慧旅游的发展全新局面的关键。[1]

---

[1] 陈旭，王藏藏，赵天雨，等. 物联网模式下的智慧旅游创新模式研究［J］. 西部皮革，2020，42（20）.

第三节　云计算技术

一、云计算的概念与分类

（一）云计算的概念

云计算是 IT 产业发展到一定阶段的必然产物。在云计算概念诞生之前，很多公司通过互联网发送诸如搜索、地图等服务，随着服务内容和用户规模的不断增加，对于服务可靠性和可用性的要求急剧增加，这种需求变化靠集群的方式难以满足要求，分布式的异地服务应运而生。2006 年谷歌首席执行官埃里克在搜索引擎大会首次提出"云计算（cloud computing）"的概念。云计算最早比较通用的一个定义是：云计算是指任何能够通过有线和无线网络提供计算存储服务的设施和系统。

随着谷歌、亚马逊等企业相继推出云计算服务，云计算的服务模式得到了进一步发展。2009 年美国 NIST（National Institute of Standards and Technology，国家标准与技术研究院）提出了一个云计算的定义：云计算是一种能够通过网络以便利的、按需付费的方式获取计算资源（如网络、服务器、存储、应用和服务等），并提高其可用性的模式。这是目前得到广泛认同和支持的定义。

云计算实际上是分布式计算技术的一种，通过网络将庞大的计算处理程序自动分拆成无数个较小的子程序，再交由多部服务器所组成的庞大系统经搜寻、计算分析之后将处理结果回传给用户。通过这项技术，网络服务者可以在数秒之内，处理数以千万计甚至亿计的信息，实现类似"超级计算机"效能的网络服务。

（二）云计算的分类

在云计算中，软件和硬件都被抽象为各类服务，用户根据需求，通过互联网从云上获取相应的服务类型。

1. 按服务类型分类

云端可以为用户提供硬件资源、开发平台、软件等服务。按照这种分类，一般将云分为三类：

（1）基础设施云。基础设施云是网络上提供计算能力和存储的一种方式。服务商将由多台计算机、存储设备、服务器组成的云放在"云端"，以按需计量的方式供用户使用。基础设施云降低了用户在硬件上的开销，只需要根据使用情况购买相应的计算能力和存储能力即可。

（2）平台云。平台云是向用户提供一个研发的中间件平台，包括开发程序所需的开发环境、运行环境、数据库、服务器等。平台云让用户不必考虑应用运行的兼容性问题，只需要实现功能即可。

（3）应用云。应用云主要向用户提供软件服务。用户只需要一个能连接互联网的终端就可以轻松访问所需要的应用。应用云不需要用户在本地安装烦琐的客户端应用。

2. 按服务方式分类

云计算作为一种革新性的计算模式，在为用户提供便利的同时，也带来了一系列挑战。首先是安全问题，一些行业对安全度要求很高，如银行业；其次是系统的可靠性。大多数的企业用户要求在云端办理业务时，要保证系统能够准确、可靠进行；还有一些企业要求自己能够管理云端服务及数据。根据用户不同的要求将云计算分为公有云、私有云和混合云三类。

（1）公有云。公有云是云服务商为用户提供的能够通过互联网访问服务的云，一般是免费的或成本低廉的，公有云的核心是共享资源服务。我们平常使用的百度网盘就是公有云。公有云使用方便，可以实现不同设备间的数据与应用共享，拥有丰富的资源。缺点是由于用户数据存储在云服务中心，数据安全性存在隐患。

（2）私有云。私有云是云服务商为用户单独使用而构建的，能够有效控制数据安全性和服务质量。私有云的核心是资源专属。私有云通常安全性更高，服务稳定，管理方便。缺点是建设成本高，共享性低。

（3）混合云。混合云融合了公有云和私有云，是近年来云服务的主要发展模式。它将公有云和私有云进行混合和匹配，可以在私有云上运行关键业务，在公有云上运行非关键性业务，操作灵活。①

二、云计算的关键技术

在云计算的发展过程中，有两项技术较为重要：一是支持动态扩展和配置应用的虚拟化技术；二是支持计算密集型应用的分布式计算技术。

① 雷静. 互联网+在基础教育中的应用模式研究［M］. 北京：北京航空航天大学出版社，2022：57.

（一）虚拟化技术

虚拟化（Virtualization）是一种资源管理技术，是将计算机的服务器、网络、内存、存储等各种实体资源予以抽象和转化之后呈现出来，从而打破实体结构之间不可切割的障碍，使用户充分整合与高效利用这些资源。可以理解为：一是虚拟化是资源的一种逻辑表达，并不会受限于物理资源；二是运行的环境不在真实的硬件上，而是在硬件之上的虚拟内存中的一段，或者说虚拟的环境中；三是虚拟化为数据、计算能力、存储资源等提供了一个逻辑视图，而不是物理视图；四是虚拟化的发展，大幅度地降低了 IT 硬件成本，减少了资源的浪费，提高了系统的稳定性和安全性。在实际的生产环境中，虚拟化技术主要用来解决高性能的物理硬件产能过剩和老旧硬件产能过低的重组重用，透明化底层物理硬件，从而最大化地利用物理硬件。目前，主要有服务器虚拟化、存储虚拟化、平台虚拟化和应用虚拟化。

（二）分布式计算技术

分布式计算技术（Distributed Computation）是相对于集中式计算而言的一种计算方法，一个分布式系统包括若干通过网络互联的计算机，这些计算机互相配合以完成一个共同的目标。分布式计算的具体过程是将需要进行大量计算的目标数据分割成小模块，由多台计算机分别计算，再上传运算结果后统一合并得出数据结论。这样可以节约整体计算时间，大大提高计算效率。在分布式系统上运行的计算机程序称为分布式计算程序，分布式编程就是编写这些程序的过程。分布式计算与集中式计算相比较，具有三个优点：一是共享稀有资源；二是在多台计算机上平衡负载；三是可以把程序放在最适合运行它的计算机上。分布式计算技术是实现云计算能力的核心支撑技术，通过分布式的服务器部署架构和基于多台计算机的并行计算机制，云计算平台就可以实现海量数据存储和数据分析，既节约了硬件资源，又提供了高性能服务。

三、云计算的旅游应用

云计算对旅游业具有变革性的深刻影响，主要体现在四个维度。

一是旅游消费维度。随着智能手机的快速普及，游客基于互联网自主获取旅游消费信息越来越方便快捷，随时随地和量身定制的个性化需求快速增长。

二是旅游供给维度。随着互联网技术的快速发展，从基础的订餐、订房、订票到 GPS 全程导航、实时在线导览、移动支付导购等创新性的旅游产品和定制服务加速涌现出来。

三是旅游支持维度。随着物联网技术的快速发展，多元化交通、互联网银行、垂直搜索引擎、在线旅游代理商、在线旅行社群等面向游客、旅游业和旅游公益组织的共享云服务平台加速发展起来。

四是政府监管维度。随着电子政务向构建服务型政府方向发展，旅游行业政务信息化的高级阶段必将是海量数据信息的充分利用、分析挖掘和辅助决策，根据预测趋势和模拟预案，以"旅游公共服务"为核心的服务规范和管理流程的无缝整合，实现旅游服务与管理的决策科学化。

这四个维度的加速迭代变革，为云计算提升旅游业的服务能力和产品创新提供了战略机会，其意义在于全方位提高旅游业的资源利用率、服务效率和服务可用性。在此基础上构建旅游业云服务门户、旅游业云服务管理平台、旅游业云服务运维平台，以游客为中心，在五个方面再造旅游业的业务流程：一是将上游业务中的信息网络和商业信息源归入行业信息管理模块中。加强旅游业与外部合作机构的联系，获得准确及时的市场、游客、政策以及监管信息。二是将上游业务中移动端、网络、呼叫中心和中游业务中的渠道管理、市场以及理财顾问归入游客信息交流模块。加强与游客的沟通、提升旅游业的游客服务能力。三是将中游业务中的人力资源数据管理和绩效考核管理归入人力资源管理模块，帮助旅游业进行员工信息的管理和更新，以及绩效考核管理。四是将下游业务中的日记账簿管理和监管报告，以及产品开发和产品风险管理分别归入监管管理和产品管理模块。定期向监管部门报告其运营状况，并对新开发的旅游产品进行风险评估。五是将下游业务中的计算机管控和安全管理职能归入计算机管理和安全管控模块。进行计算机架构建设及维护，对旅游业敏感数据进行保护和监控。总之，云计算不论是对游客的消费体验，或者是对旅游供给的商业模式和旅游业支持系统的业务融合，还是对政府监管的运作模式，都将带来很大的影响。①

四、基于云计算的智慧旅游云平台建设

（一）智慧旅游云平台基础设施层建设

基础设施层包括的模块有整体智能感知、实时数据采集、互联网络、海量存储和计算、数据挖掘和分析以及安全灾难恢复和备份，通过这些模块实现对信息的采集、安全传输、海量存储分析等。

传感器技术、条形码技术在整体智能感知模块的应用，使得普遍使用的智

---

① 董观志，梁增贤. 旅游管理原理与方法［M］. 武汉：华中科技大学出版社，2020：135.

能终端，如智能手机、平板电脑、智能卡以及 RFID 技术可以实现对人、物体、建筑物、周边生态等多种存在实体的事物的实时智能识别和信息采集。传感器与通信网络相连，形成物体互联的物联网，可实现旅游所有要素的实时感知。

数据收集使用卫星遥感、无人机摄影、三维激光雷达、卫星定位等技术，动态获取游客、景点、旅行社、酒店的图形信息、元素信息、图像信息、空间位置信息和属性信息。

5G 时代，信息传输网络就是智慧旅游城市建设信息共享的主动脉，是支撑智慧旅游城市运行和发展的关键设施，包括以光纤为主的高带宽、容错能力和可靠性强的高速网络，能够全方位覆盖的无线宽带网络、广电网络和专用网络。通过不同带宽、不同传输介质的网络兼容使用，或内网，或专网，或互联网，在确保信息安全的前提下，实现互联互通。

数据存储与管理是在保证数据完整和存储安全的前提下，通过传感器、音频视频的采集获取更多更有效的信息，为其他应用提供数据支持。利用数据库、云存储和分布式存储技术，对获取的数据进行有效管理和控制。

数据挖掘分析是利用人工智能、机器学习、模式识别、统计学、数据库、可视化等技术，实现对海量异构数据库中各类数据的关联分析、聚类分析、分类分析、异常分析、特异群组分析和演变分析等，挖掘数据集中的规律，优化海量数据处理，提高智能服务能力，实现信息资源整合、共享和各个涉旅业务部门协同工作。

安全容灾备份是智慧旅游数据、信息和资源安全体系的核心。建设智慧旅游数据备份和数据安全中心，包括信息安全监控中心、数据备份中心和数据恢复中心，以应对突发事件对数据造成的破坏，提高数据的容错修复能力。建设数字证书认证中心和安全测评中心，以保证信息在网络中传输的完整性和安全性，防止被窃取。

（二）推动依托云平台的智慧旅游信息资源层建设

底层数据库、旅游资源信息数据库、空间信息数据库以及多种数据库的更新管理系统构成了旅游信息资源层，是信息资源层的核心内容，在智能应用和决策支持方面起到了至关重要的作用。

通过智慧城市云平台提供底层数据库，包括五个基础数据库，分别是自然资源数据库、人口数据库、法人数据库、宏观经济数据库和地名地址数据库。

旅游资源信息数据库建设与完善是在现有旅游基础数据库的基础上构建旅游行业专题数据库，对于旅游景区、旅行社、酒店、娱乐设施、导游等相关数据在数据库都可实现快速检索，为智慧旅游行业应用提供支撑。

地理空间定位和信息空间分析依靠空间信息数据库完成，空间信息数据库建设是将风景名胜区、旅行社、宾馆、餐饮、娱乐、交通等信息进行整合建库，相对应的数据库包括基本矢量数据库、图像数据库、三维数据库等。

旅游产业相关信息的变更是频发事件，制定基础数据库、空间信息数据库、旅游专题数据库的更新和维护机制，是进行信息资源层的数据库更新系统建设的必要措施，对现实数据进行收集和更新，保障数据的完整性和准确性，以便捷的方式向用户提供有价值的数据。

（三）智慧旅游云平台应用层建设

1. 加快推进智慧旅游应用层建设，开发适合政府、企业和公众使用的各类应用程序。根据各自的业务需求，各个业务部门交换和共享相关的实时资讯，通过大众信息服务与信息发布系统、政府部门旅游政务管理系统、智慧旅游运行监测与应急系统、智慧旅游电子商务系统与新媒体营销系统等在内的诸多系统，为各自的日常业务处理提供便利。

2. 构建公共信息服务体系，依托私有云技术加快旅游信息化、智能化完整体系结构建设，使旅游产业相关部门之间的旅游资讯能够实时共享，更加及时地传递景区、酒店、商圈、导游、旅行社、旅游政务、便民信息等公共服务信息，不断提升政府部门的旅游政务管理水平、游客的满意度，形成具有巨大经济收益的涵盖吃、住、行、旅游、购物、娱乐等的完整产业链。

3. 通过建立互联网线上和线下的公共信息发布系统，拓展游客获取旅游信息的途径。常见的互联网线上信息发布方式主要有官方门户网站、WAP 门户、旅游产业运行监测平台、LBS 定位服务网站、手机 App 客户端、新媒体信息发布屏、入境短信、官方微信、微博、官方呼叫中心等；传统的线下信息发布方式，如旅游咨询服务中心、游客集散中心虽已落伍，但仍有存在的必要性。

4. 建立公共信息传播体系，建立和完善线上线下旅游公共信息发布体系。线上包括政府门户集群、WAP 门户、旅游行业运营监控平台、LBS 定位服务网站、移动 App 客户端、新媒体信息发布屏、官方微博、官方微信、呼叫中心等。线下有旅游咨询服务中心、游客集散中心、传统媒体、宣传资料。

5. 智慧旅游运营监控与应急管理系统建设。智慧旅游的监测系统包括游客流量监测、旅游交通监测、酒店住宿监测、出入境旅游团监测等旅游产业运行监测系统，这些系统建成后便可以全方位地对景区、酒店、旅行社、旅游交通的运行进行实时监测。

基于云计算的智慧旅游云平台建设包括数据资源标准体系构建、海量数据存储与管理、数据交换与共享、大数据分析与处理等，整合旅游基础信息、内部业务部门、垂直管理部门和跨部门专题数据是实现智慧旅游应用服务的核心力量。智慧旅游建设的意图在于加速智慧旅游城市、景区等旅游目的地建设，强化智慧服务、智慧管理和智慧营销应用，以信息化带动旅游业向现代服务业转变。①

第四节　大数据技术

一、大数据技术概述

大数据是指无法在一定时间范围内用常规软件工具进行捕捉、管理和处理的数据集合。大数据为人类提供了全新的思维方式和探知客观规律、改造自然和社会的新手段，这也是大数据引发经济社会变革最根本性的原因。全球范围内，大数据应用逐渐完善，同时，研究和运用大数据的技术也在不断进步。目前，运用大数据技术推动经济发展、完善社会治理、提升政府服务和监管能力正成为趋势。

目前已有众多成功的大数据技术应用，但就其效果和深度而言，当前大数据的技术应用尚处于初级阶段。按照数据开发应用深入程度的不同，可将大数据技术应用分为三个层次。

第一层，描述性分析应用。是指从大数据中总结、抽取相关的信息和知识，帮助人们分析发生了什么，并呈现事物的发展历程。如美国的 DOMO 公司从其企业客户的各个信息系统中抽取、整合数据，再以统计图表等可视化形式，将数据蕴含的信息推送给不同岗位的业务人员和管理者，帮助其更好地了解企业现状，进而做出判断和决策。

第二层，预测性分析应用。是指从大数据中分析事物之间的关联关系、发展模式等，并据此对事物发展的趋势进行预测。

第三层，指导性分析应用。是指在前两个层次的基础上，分析不同决策将导致的后果，并对决策进行指导和优化。如无人驾驶汽车分析高精度地图数据和海量的激光雷达、摄像头等传感器的实时感知数据，对车辆不同驾驶行为的后果进行预判，并据此指导车辆的自动驾驶。

---

① 刘东旭，刘枫柯. 基于云计算的智慧旅游建设研究 ［J］. 漫旅，2021，8（2）.

二、大数据技术体系

大数据技术起源于互联网的高速发展，伴随着时代背景下数据特征的不断演变以及数据价值释放需求的不断增加，大数据技术已逐步形成了整套技术生态。如今，大数据技术已经发展成为覆盖面庞大的技术体系，主要包含大数据基础技术、大数据管理类技术、大数据分析应用技术以及大数据安全流通技术。

一是大数据基础技术，其为应对大数据时代的多种数据需求特征而产生。大数据时代，数据量大、数据源异构多样、数据实效性高等特征催生了高效完成海量异构数据存储与计算的技术需求。面对庞大的数据量，出现了规模并行化处理的分布式计算架构、面向海量网页内容及日志等非结构化数据的分布式批处理计算框架以及面向对于时效性数据进行实时计算反馈需求的分布式流处理计算框架。

二是大数据管理类技术，其可助力提升数据质量与可用性。技术总是随着需求的变化而不断发展提升。在较为基本和急迫的数据存储、计算需求已在一定程度上得到满足后，如何将数据转化为价值成为下一个最主要需求。最初，企业与组织内部的大量数据因缺乏有效的管理，普遍存在着数据质量低、获取难、整合不易、标准混乱等问题，使得数据后续的使用存在众多障碍。在此情况下，用于数据整合的数据集成技术，以及用于实现一系列数据资产管理职能的数据管理技术随之出现。

三是大数据分析应用技术，其可发掘数据资源的内蕴价值。在拥有充足的存储计算能力以及高质量可用数据的情况下，如何将数据中蕴含的价值充分挖掘并与相关的具体业务结合以实现数据增值成了关键。用以发掘数据价值的数据分析应用技术，包括以商业智能工具为代表的简单统计分析与可视化展现技术，以传统机器学习、基于深度神经网络的深度学习为基础的挖掘分析建模等技术。

四是大数据安全流通技术，其可助力安全合规的数据使用及共享。随着数据量的不断增多，用户数量的不断增长，数据安全问题日益凸显，数据泄露、数据丢失、数据滥用等安全事件层出不穷，这对国家、企业和个人用户造成了恶劣影响，如何应对大数据时代下严峻的数据安全威胁，在安全合规的前提下如何共享及使用数据成为备受瞩目的问题。访问控制、身份识别、数据加密等传统数据保护技术正积极向更加适应大数据场景的方向发展，同时，侧重于实现安全数据流通的隐私计算技术也成为热点的发展方向。[1]

---

[1] 何黎明. 中国物流技术发展报告 2021［M］. 北京：中国财富出版社，2022：217.

三、大数据技术在智慧旅游中的应用

（一）客流量分析

旅游业项目通常需要大规模的资金投入，且项目周期相对较长。在这种情况下，对项目客流量的准确分析和预测变得至关重要，因为它直接影响了财务测算结果的精确性。同时，这一客流量的分析也与政府的补贴政策以及社会资本的预期回报等核心边界条件密切相关。因此，准确预测客流量不仅对项目的可行性评估至关重要，还对项目的整体成功和可持续性发展产生了深远的影响。在旅游项目的规划和决策中，客流量的准确估计是不可或缺的一环，需要借助现代工具如智慧旅游大数据平台来实现。此外，客流量分析还能够用于推断旅游目的地当前所处的旅游发展阶段，依据旅游地的生命周期发展规律来计算项目未来的开业增长期、稳定运营期以及理想发展期所应接待的客流量水平。这一分析方法有助于更好地规划和预测旅游项目的发展，以便在不同发展阶段采取适当的策略和措施，从而最大限度地发挥项目的潜力。这种综合的客流量分析方法有助于提高旅游项目的管理效率。

具体而言，可以通过按月或按天等方式对景区的游客量、流入量、流出量等进行统计，以分析和预测未来的游客量。这种分析有助于区分旅游旺季和淡季，从而更精确地部署资源。在旅游旺季，资源可以得到充分的利用，以确保游客的良好体验；而在旅游淡季，可以合理分配资源，避免资源过剩造成损失。

此外，还可以统计游客在景点游玩、住宿和消费场所的分布特征，以获取景点热区、住宿热区和消费场所热区的分布情况。对于不受游客青睐的冷门地区，可以及时进行改进。例如，冷门景区可以通过多样化的活动吸引游客，冷门宾馆可以通过提高住宿环境和服务质量吸引游客，而冷门消费场所则可以通过促销和优惠活动吸引游客。通过准确而具体的改进措施，有助于提升冷门区域的吸引力，从而提高整体服务水平。

最后，分析游客的出行距离和目的地停留时间可以反映城市的旅游资源、旅游活动项目、旅游设施、旅游服务质量以及宣传工作等对游客的吸引力。这也直接影响到游客的消费支出和停留时间，进而提高旅游经济效益。因此，通过深入了解游客的行为规律，可以更好地优化旅游业的发展和提升游客体验。

（二）来源地分析

游客的来源地是景区数据化经营管理的重要参考点之一。通过智慧旅游大

数据平台，可以分析景区的移动用户数据，深入了解游客的来源地构成情况，并根据归属地和常住地按省和市进行客流来源分析。通过这种分析，景区可以采用有针对性的宣传和广告投放策略，以最大限度地提升宣传价值，从而吸引更多来自不同区域的游客前来游览。

同时，根据不同地区的游客来源地构成情况，景区还可以提供特色的推荐和服务。这包括调整餐饮、住宿、旅游文创产品等配套产品和服务，以更好地满足不同来源地游客的需求。举例来说，江浙沪地区靠近海岸，游客更可能喜欢前往清秀的山脉游玩；而西北地区远离海岸，游客更可能偏向海岸沙滩游玩。此外，不同地区的游客对饮食的喜好也各有不同，例如湖南和四川地区的游客更偏好辛辣食物，而广东和浙江地区的游客则更喜欢甜食。因此，根据游客的来源地构成情况，景区可以灵活调整服务和产品，提供更符合不同地区游客口味的体验。

（三）属性分析

通过分析景区移动用户数据，可以深入了解景区游客的构成情况，包括性别和年龄等方面的信息。通过分析景区游客的性别比例，可以观察不同因素对不同性别游客对旅游需求的影响。此外，还可以考虑是否应该深入挖掘女性客源市场，以满足不同群体游客的需求。这种性别比例分析有助于景区更好地了解自己的客户群体，以制定针对性的市场策略。如果发现女性游客市场潜力巨大，景区可以考虑提供更多适合女性游客的旅游产品和服务，以吸引更多女性游客前来游览。

游客的年龄构成对于旅游景区的经营和服务至关重要。不同年龄段的游客群体具有各自独特的特点和需求。首先，青年游客通常拥有相对稳定的收入，自由支配时间较多，精力旺盛，因此他们对外出旅游的需求较大。为吸引这一群体，景区可以开展一些充满活力的活动，以满足他们的兴趣。其次，中年游客在自由时间方面更具灵活性，他们可能更加注重旅游所带来的新知识和体验，也有可能出于休闲、怀旧、养生等不同目的进行旅游。景区应为中年游客提供多样化的旅游产品和服务，以满足他们多样化的需求。老年游客可能在体力和精力方面受到一定的限制，但仍然是一个重要的客源。景区应该加大对老年游客的宣传和销售力度，推出以养生和休闲为主要特点的旅游产品，以迎合他们的需求。最后，学生游客通常没有稳定的收入，多数是与家人一起旅游。虽然他们可能不是高消费群体，但仍值得关注。景区可以为学生游客提供一些优惠活动，以吸引他们的兴趣，例如家庭套票或学生团体优惠。通过深入了解不同年龄段游客的需求和偏好，景区可以更好地满足他们的期望，提供更具吸引力的旅游体验，从而增强景区的吸引力和竞争力。

（四）消费分析

在互联网和大数据快速发展的背景下，精准营销已经成为旅游业需要认真研究和探索的一种新兴营销模式。依据消费者行为理论，购买决策过程可以划分为五个主要步骤：（1）需求确认；（2）信息搜集；（3）评估选择；（4）购买决策；（5）购后评价。在智慧旅游中，购买决策的五个步骤都呈现出与传统游客消费行为的明显差异。

1. 需求确认

在需求确认方面，智慧旅游使得游客的需求能得到及时满足，与传统旅游相比，游客更自主地选择出行方式，减少了被动性。

2. 信息搜集

传统旅游业中，游客主要通过电视、报纸、旅行社和亲朋好友的介绍来获取信息，然而，在智慧旅游中，游客可以轻松地通过互联网和手机应用等渠道获取详尽的信息，包括景点介绍、用户评价、交通路线等，大大提高了信息获取的效率和广度。

3. 评估选择

在智慧旅游时代，游客获取信息的方式经历了革命性的改变，不再受限于传统渠道，而是呈现出多元化和便捷的趋势。随着信息的数量急剧增加，人们获取信息也变得更加容易。在传统被动的旅游模式下，游客的景点体验相对受限，评价主要集中在旅行社的服务质量，因为景点路线基本一致，游客的选择相对较少。然而，在智慧旅游时代，游客有机会充分行使自主权，根据个人兴趣和需求量身打造个性化的旅游计划，这赋予了其更大的灵活性。

4. 购买决策

在购买决策过程中，智慧旅游为游客提供了更多信息和选择，使其决策能变得更加理性。如果出现意外情况或受到他人意见的影响，游客的购买行为可能会发生变化。智慧旅游时代的信息更加公开透明，这有助于游客做出更为理性的购买决策。

5. 购后评价

购后评价对于旅游企业的产品和服务改进至关重要。在传统旅游模式中，购后评价的传播范围有限，主要局限在亲朋好友之间，信息传播受到限制。然而，在智慧旅游时代，游客的评价可以通过大数据平台以多种方式进行广泛分享，传播范围更广，传播成本更低，这有助于旅游企业不断总结旅客意见并进行改进。

综上所述，智慧旅游时代赋予游客更多信息、选择和自主权，使旅游体验更加个性化。同时，它也推动了信息的公开透明和评价的广泛传播，有助于整个旅游业的不断提升。旅游企业通过深入分析游客的消费行为，可以细分市场，更精确地定位目标受众，从而提供更为个性化和具有针对性的产品和服务。旅游企业利用游客的消费大数据，可以更准确地了解他们的消费习惯、需求以及旅游行为，有助于区分不同游客的旅游动机、兴趣爱好以及行为模式，从而划分不同的旅游类型，实施精准的市场营销策略，提供更出色的旅游产品和服务，同时充分挖掘游客的潜在价值。

（五）景区热图

景区大数据旅游的另一个实际应用是景区热图功能。这一功能具备实时监控客流量、分析特定时段客流分布密度的能力，并以色彩深浅直观呈现游客流量的热度分布。对于旅游业管理者而言，景区热图为他们提供了极大的便利。在传统旅游中，景区管理面临两大难题，即安全管理潜在风险和数据统计模糊不清。而在智慧旅游中，景区热图能够实时洞察景区各区域的客流状态，有助于在人流密集区域增派工作人员以引导人流，同时对于可能导致游客流量超载的情况，也能迅速调动安防人员进行干预，而景区热图所提供的准确统计数据的可靠性使其显得尤为重要。

对游客来说，景区热图提供了更加舒适的旅游体验。在周末或节假日，许多旅游目的地都会举办灯光秀等表演，但这也会导致人流拥挤，严重影响游客的游玩体验。此时，游客可以通过景区热图实时了解景区的人流情况，以便选择前往下一个景点。例如，年长游客或喜好安静的游客可能更注重安全和舒适性，他们可以选择前往人流较少的地方，而喜好热闹的游客则可以选择前往人流较多的地点。此外，景区热图还可以根据游客的偏好，定制个性化的旅游需求，帮助游客避开人潮，更快地游览必经之地，从而提高旅游体验的质量。[①]

---

① 闫巧致，黄晓君，林哲. 智慧旅游大数据应用分析［J］. 西安航空学院学报，2023，41（5）.

第三章　智慧旅游技术（二）

各种关键技术赋能智慧旅游，能够整合区域旅游资源，提升管理效率，提高旅游业服务质量，为游客带来更具创意的旅游产品和出行体验，同时大大促进旅游业的发展。本章主要论述了人工智能技术、区块链技术、地理信息技术、元宇宙技术等内容。

第一节　人工智能技术

一、人工智能技术概述

（一）人工智能的定义

人工智能（Artificial Intelligence，AI）是一门研究、开发用于模拟、延伸和扩展人的智能的理论、方法、技术及应用系统的新的学科。

人工智能是计算机科学的一个分支，它企图了解智能的实质，并生产出一种新的能以与人类智能相似的方式做出反应的智能机器，该领域的研究包括机器人、语言识别、图像识别、自然语言处理和专家系统等。人工智能从诞生以来，理论和技术日益成熟，应用领域也不断扩大，可以设想，未来人工智能带来的科技产品，将会是人类智慧的"容器"。人工智能可以对人的意识、思维过程进行模拟。人工智能不是人的智能，但能像人那样思考，也可能超过人的智能。

人工智能是一门极富挑战性的科学，从事这项工作的人需要具备计算机、心理学、哲学等知识。人工智能由不同的领域组成，如机器学习、计算机视觉等，总的来说，人工智能研究的一个主要目标就是使机器能够胜任一些通常需要人类智慧才能完成的复杂工作。但不同的时代、不同的人对这种"复杂工作"的理解是不同的。

用来研究人工智能的主要物质基础以及能够实现人工智能技术平台的机器就是计算机，人工智能的发展历史和计算机科学技术的发展史联系在一起。除了计算机科学以外，人工智能还涉及信息论、控制论、自动化、仿生学、生物学、心理学、数理逻辑、语言学、医学和哲学等多门学科。

未来人工智能产业发展在扩大应用场景的同时，必须实现数据、算法与应用层的安全可控。同时，人工智能的安全可控问题要同步从技术层面来解决。在具体的实现路径上，要发展"第三代人工智能"，即融合了第一代的知识驱动和第二代的数据驱动的人工智能，利用知识、数据、算法和算力四个要素，建立新的可解释的 AI 理论与方法，发展安全、可信、可靠和可扩展的 AI技术。[1]

（二）人工智能技术的分类

就目前的情况来看，人工智能可以分为两大类，即强人工智能和弱人工智能。我们目前所处的还是弱人工智能阶段。之所以称之为"弱"，是因为这样的人工智能不具备自我思考、自我推理和解决问题的能力，统筹来讲就是没有自主意识，所以并不能称为真正意义上的智能。而强人工智能则恰好相反，若能配合合适的程序设计语言，从理论上来说它们便可以有自主感知能力、自主思维能力和自主行动能力。目前的强人工智能的类型又可以分为两种：一种是类人的人工智能，即机器完全模仿人的思维方式和行为习惯；另一种是非类人的人工智能，即机器有自我的推理方式，不按照人类的思维行动模式生产生活。强人工智能技术具有很大的自主意识，它们既可以按照人预先设定的指令去做，也可以根据具体环境的需求自身决定怎么做、做什么。它们具有主动处理事务的能力，也就是说可以不根据人类事先做好的设定而机械地行动。就当下的技术手段程序语言设计发展阶段而言，我们离实现强人工智能还有不小的距离，但是我们不排除在编程技术实现智能化后，人工智能会带来天翻地覆的变化，到那时，它们所带来的伦理问题才是困扰我们的难题。[2]

二、人工智能在智慧旅游中的应用

旅游是一种文化空间的跨越行为，是人们在旅途中和目的地探索与体验的过程。在山川湖海等自然地理条件的约束下，不同文化空间之间存在孤岛效应

---

① 刘修文. 物联网技术应用 智能家居 第 3 版 [M]. 北京：机械工业出版社，2022：44—45.
② 孙锋申，丁元刚，曾际. 人工智能与计算机教学研究 [M]. 长春：吉林人民出版社，2020：80—81.

和碎片现象，给人们的文化空间跨越行为带来了不确定性甚至潜在风险，影响人们在旅途中和目的地的探索过程与体验质量。在现代社会中，游客数量大幅增长，旅游消费模式千差万别，要求旅游供给和旅游服务个性化、定制化和品质化，要求旅游决策和旅游监管更高效、更精准和更科学。只有智慧旅游，才能满足网络化和散客化条件下现代旅游业发展的新需求。人工智能技术是智慧旅游的关键技术，在现代旅游业中有着广泛的应用前景。

（一）基于人工智能技术的旅游消费市场预测

旅游消费市场预测是旅游研究、旅游规划、旅游决策、旅游运营和旅游监管的重要内容，是旅游业实现可持续发展的前提条件。20世纪90年代以前，一般采用市场问卷调查分析方法和回归预测的定量分析方法，对旅游消费市场进行预测分析。进入21世纪以来，旅游消费预测开始采用灰色模型、遗传算法、模糊时间序列、人工神经网络等趋向于人工智能技术的定量预测方法。相对于传统的预测方法，这些方法对数据的概率分布等额外信息没有严格要求，因而具有更好的包容性和适用性。目前，以百度为代表的门户网站、以携程为代表的在线旅游服务商、以高德地图为代表的在线出行信息服务商、以大众点评为代表的在线消费信息服务商、以腾讯为代表的在线社群服务商、以网银为代表的电子金融服务商等机构都在利用机器学习的预测模型对旅游大数据进行挖掘，精准分析旅游消费市场的分布态势和变化趋势，积极推动旅游供给和旅游服务的智能配置，有效促进旅游决策和旅游监管的协同创新，从而引领旅游消费市场的新动向和新模式。

（二）基于人工智能技术的旅游信息服务平台

随着时代的进步和社会的变迁，智能感知、机器学习、智能推理、智能行动等人工智能技术的发展突飞猛进，推动文本、音频、视频、图像等大数据的处理、分析、提取和呈现，实现了自动化和集成化，促进社会力量构建了基于人工智能技术的旅游信息服务平台，为旅游用户更精准地获取旅游知识和消费信息提供强有力的技术保障。

一是信息推送功能，可以让游客获得关于目的地的综合介绍、基于游客评论的旅游消费指南、个性化行程定制、旅途中基于位置的信息服务。

二是自助导游功能，可以为游客提供基于位置、季节、天气、具体时间和出行预算等的多维数据查询，有利于游客提高消费决策、线路搜索、交通换乘、互动导航、电子票证等探索体验的效率和质量。

三是标识翻译功能，可以为游客提供路标、问答、预订、广告语等标识的多语言服务，自然语言处理和光学字符识别技术让出国旅游更加方便，实现个性化定制的自由行。

四是市场细分功能，通过人工智能的分类技术，采用决策树和聚类等典型的数据挖掘工具，定义游客细分群，描述细分游客的消费特征，有利于旅游企业在资源约束条件下提高目标市场营销的有效性和协同性。

五是公共管理功能，在旅游消费快速增长和旅游供给日益活跃的情况下，导航、导游、导览、导购对旅游资源深度开发和旅游信息资源共享提出了多元化和协同化更具体的要求，对旅游决策和旅游监管的公共管理事务提出了实效性和准确性的更高要求。

基于人工智能技术的旅游信息服务平台具有电子商务、电子政务、行业监管、智能服务、云计算存储、跨平台感知响应、分布式物联网、旅游集散中心等综合性能，构建旅游数据库系统、旅游信息化公共服务系统、旅游信息化应用支撑系统和旅游信息化管理标准系统，为旅游业实现智慧化管理提供现代化的技术保障。

（三）基于人工智能技术的旅游安全防范系统

随着计算机技术、网络技术、人工智能技术等高科技的迅猛发展和快速普及，指纹识别、文字识别、虹膜识别、人脸识别、车牌识别等图像识别，对具有动态连续特征进行识别的视频分析技术已经广泛应用于旅游业，为旅游安全防范提供了有效的技术保障。旅游景区、旅游饭店、旅游购物、旅游演艺等都是人群集聚的场所，基于模式识别的智慧旅游安全防范系统可以在以下五个方面发挥重要作用。

一是特定旅游场所的人数统计。从入口门禁系统获取进入人数，用视频分析统计出口人数，从而推算特定旅游场所内的滞留总人数，为制定安全防范预案和实施安全防范处置措施提供了基础数据和现场情景。

二是人群控制和周边安全防范。在拥堵和高危时段设定管制边界，识别人群的整体运动特征，现场及时引导人群的动向和速度，避免和处置客流异常情况。

三是重点通道监控。旅游消费具有游客流时段集中、地段集中甚至时空双集中的特点，预留应急通道和安排重点通道是最主要的应对措施，为了保证随时能用而且发挥作用，必须进行划界监控。

四是智慧交通系统。结合全球定位系统（GPS）、北斗定位系统（BDS）、智能通信技术和智能汽车驾驶技术，监控特定旅游场所的路况、车况、停车场泊车位等动态交通情况，实现精准定位和即时导航，确保旅游交通的顺畅、有序和安全。

五是防灾减灾救援系统。旅游区多分布在地质地貌条件复杂、森林覆盖率高的地区，旅游属于强流动性的户外活动，潜藏着导致地质灾害、森林火灾以及次生灾害的风险。比如，森林火灾具有突发性、随机性和短时间造成巨大损失的特点，因此，必须坚持"预防为主"和"积极扑救"相结合的原则，采用森林防火视频监控系统，最大限度地降低旅游区森林火灾的风险尤其重要。森林防火视频监控系统就是一个以计算机技术和网络技术为基础，将视频监控和地理信息系统（GIS）、北斗定位系统（BDS）、林火自动识别报警系统、多媒体技术结合起来，能够实现森林火灾火情实时监控、自动识别、自动报警的人工智能技术系统。人工智能技术还可以用于地质灾害、气象灾害、生物灾害等多发地的防灾减灾和保护救援工作。①

第二节　区块链技术

一、区块链技术概述

（一）区块链技术的定义

区块链起源于比特币，是比特币的基础支持技术和基础设施，是一种新型的分布式可信协议。区块链是分布式数据存储、点对点传输、共识机制、加密算法等计算机技术的新型应用模式。区块链实质上是由一系列使用密码学方法相关联产生的数据块组成的一个去中心化的共享数据库，所有数据块都含有电子货币（如比特币）网络交易的数据信息，可用于复核其信息的有效性（防伪）并生成下一个数据块。区块链技术是一种不依赖第三方的技术解决方案，它通过自己的分布式节点存储、验证、传输和交流其网络数据。

在比特币形成的研究过程中，每个区块都是一个存储单元，它记录每个块节点在一定时期内的所有交流信息。随着网络全球化发展，作为比特币的底层技术之一，区块链的研究得到了多个国家政府的密切关注，区块链技术也越来越受到相关领域的关注。通过哈希算法（也叫随机散列）链接每个区块，前一个区块的哈希值都被后一区块包含，随着信息交换的扩展，一个区块和一个区块相继链接，结果称为区块链。区块链是一组分散的用户端节点和一个由所

---

① 董观志，梁增贤. 旅游管理原理与方法［M］. 武汉：华中科技大学出版社，2020：143—145.

有参与者组成的记录比特币交易全部历史记录的分布式数据库。比特币交易的初步确认行为是把交易数据放入一个区块或一个数据块中，交易的进一步确认是前一个区块被后一个区块链接之后，在持续得到六个区块确认后，这笔交易大体上得到了不可逆转的确认。

（二）区块链技术的特征

区块链技术有去中心化、开放性、独立性、防篡改性和匿名性等诸多优点。

1. 去中心化

区块链技术是一种不依赖第三方管理和中心管制的技术解决方案，它通过自己的分布式节点，存储、验证、传输和交流其网络数据。去中心化是区块链最突出、最本质的特征。

2. 开放性

在区块链系统中，有节点的共有链上的除了交易各方私有信息被加密外的其他信息都可以被所有人通过公用的接口寻找和使用，因此，整个系统信息高度透明。

3. 独立性

基于依赖密码学和数学的巧妙的分布式算法，不需要第三方机构，所有节点不需要人工干涉就可以自动安全地验证和交换系统中的数据。

4. 防篡改性

为避免主观人为地改变区块链中的信息，区块链技术要求必须攻击全部数据节点的 51% 才能修改网络数据，篡改数据的难度非常大。

5. 匿名性

因为是点对点的交易，故而除非有法律规范要求，否则区块节点之间并不需要公开或验证身份信息，信息传递可以匿名进行。①

二、基于区块链技术的全域旅游智慧平台构建

（一）全域旅游发展存在的问题

1. 行业乱象层出，信用缺失严重

旅游产业链冗长，每个环节都可能产生乱象，给人们留下不良印象，导致信用进一步缺失。一方面，自由行游客在选择各种旅游服务或产品时大多依赖网络上的点评和经验分享，但这些渠道都可以人为操作，并不完全可靠，虚假

---

① 冯耕中. 物流信息系统 第 2 版 [M]. 北京：机械工业出版社，2020：64—65.

宣传的问题层出不穷；另一方面，跟团游乱象令游客产生信用危机。

2. 行业监督管理难度大

全域旅游是一种综合性的旅游发展模式，涵盖多个行业，行业监管方面难度较大。此外，行业中数据造假等问题屡见不鲜，政府或其他行业部门难以做到全方位的监督管理，也无法制订有效的旅游发展方案，为全域旅游创建埋下隐患。

3. 信息易泄露，无法保障安全

旅游相关企业在旅游市场中发挥着整合资源、联通主客体的重要作用，但缺乏有效监管的技术手段，容易造成游客个人隐私泄露。在互联网时代，提供旅游相关服务的第三方平台众多，游客个人信息会经过多个环节传递，流转复杂，被泄露的可能性较大。

4. 利益相关方协作性差

全域旅游涉及多个行业和部门之间的协作，如果不能建立良好的合作机制，往往会因利益冲突产生矛盾。全域旅游发展不仅需要政府部门的综合协调，还要关注游客与当地居民的利益。目前，由地方政府主导的全域旅游创建活动，需要发挥信息技术，尤其是区块链等新技术的作用，协调好多方利益关系。

（二）区块链技术在全域旅游中的应用

依靠信息交流的旅游产业急需区块链技术助益。全域旅游发展的痛点很多可以通过区块链技术来解决。目前，区块链技术在旅游领域的应用主要体现在以下五个方面。

1. 旅游全产业生态区块链

旅游全产业生态区块链是将食、住、行、游、购、娱等全产业要素和旅游行政管理部门、金融机构、相关旅游组织和机构等全部上链，打造一个集智慧交通、智慧酒店、智慧旅游于一体的旅游全产业生态区块链，它是旅游行业应用区块链发展的最高目标。

2. 旅游分销区块链

旅游分销区块链是通过一系列智能合约和开源工具，将旅游目的地、住宿企业、交通运输公司等旅游供应商与旅行中介商等销售商连接起来，建立一个去中心化的旅游分销网络，开展销售代理服务。目前，基于区块链的 G2T（go to travel）平台正在开拓此项业务。

3. 旅游金融区块链

区块链技术赋能金融业已成广泛共识，在金融信息存储、数据安全与保护方面发挥重要作用，提升了金融服务效率并节约了成本。旅游金融区块链主要解决旅游系统转账、结算、融资、保险等领域的痛点，为旅游企业提供成长土壤。

4. 旅游社交区块链

旅游活动具有天然的社交属性，游客发表网络游记及攻略成为普遍现象。旅游社交区块链为解决水贴、商业广告过多以及虚假评价等不诚信问题，利用区块链去中心化的特点，实现对用户发表于公有链上信息的有效控制。

5. 旅游公共服务区块链

旅游公共服务区块链旨在打造一个开放共享的旅游服务信用平台，通过建立用户身份信息与信用机制，实现旅游咨询、交通、安全保障等公共基础服务信息的共享，消除"信息不确定性"。

（三）基于区块链技术的全域旅游发展优化方向

1. 建立内容详尽、真实可靠的大数据信息库

大数据时代，信息的无序整合妨碍了旅游产业之间的有效协作。要加快推进以数字化、网络化、智能化为特征的智慧旅游发展，扩大新技术场景应用。全域旅游的发展不能依靠感性经验，而要依托大数据的支持。

2. 完善信用体系，增强信息化技术的推动作用

全域旅游业态下，多元化的利益主体会激化社会矛盾，旅游信用缺失问题更加复杂，信用体系建设困难。区块链技术为旅游信用系统的建立提供了新思路，其不可篡改、去中心化、安全可靠等特征，弥补了传统征信体系信息不对等、隐私保护不足、信息采集受限等方面的不足。

3. 建设智慧管理平台，实现高效动态监控管理

要运用区块链技术完善旅游公共服务，增强行业自治和自我维护，引导社会公众参与治理，促进政府组织机构扁平化发展。同时，采用智慧化手段，建设景区智慧管理平台，可以准确高效地预测游客数量，合理控制客流量，提供及时且全方位的游客服务，高效且动态化地进行景区日常管理。

4. 运用区块链技术保障游客信息安全

区块链技术在保障游客信息安全方面有着天然优势。区块链技术可以对每个游客的身份进行精准识别，解决票务需要身份认证的问题。区块链技术去中心化特点可以去除信息传递的中介环节，简化传递过程，降低信息泄漏的风险，并且可以对信息泄露者精准追责，增强法律威慑力，从而更有效地保护游客的信息安全。

（四）基于区块链技术的全域旅游智慧平台功能设计

1. 证件认证模块

证件认证模块功能可以实现"一人一码代替所有相关证件"，游客在选定旅游目的地后，通过实名认证领取身份信息识别码，在全域旅游的整个过程无须再查验原始证件，可直接扫身份码解决。

2. 商品查证模块

商品查证模块可以实现所有旅游产品的溯源，基于物联网与区块链的全程监测技术，将溯源信息共享，确保消费者买到放心的"一物一码一证"商品。平台为旅游目的地的正规商品生成溯源码，用户可以通过扫码，查证商品的真伪、成分、生产地、历史价格，甚至是商品背后的工艺和历史等。

3. 票务交易模块

票务交易模块集票务信息查询、数据存证和智能交易于一体，实现旅游目的地票务信息免费推送，游客可以自主选择需要的信息，预约或者购买车票、门票，预订餐饮、住宿等。交易完成后，所有信息都会被归入地区通行码中，方便查询使用。

区块链技术在破解全域旅游"痛点"方面，开启了足够的想象空间，使旅游业的发展焕发新的生机。全域旅游智慧服务平台的搭建能够在政府监管、景区管理和导游服务等方面发挥积极有效的作用，减少行业不良竞争，维护游客合法权益，促进旅游业健康持续发展。[1]

第三节　地理信息技术

一、地理信息技术概述

（一）地理信息技术的内涵

地理信息技术指获取、管理、分析和应用地理空间信息的现代技术的总称，主要包括遥感、地理信息系统和全球定位系统等。

地理信息技术的发展起始于 20 世纪初，先后经历了航空摄影、航天遥感

---

[1] 齐先文，夏紫薇. 基于区块链技术的全域旅游智慧平台构建 [J]. 旅游纵览，2022（12）.

与地理信息系统、卫星定位与导航和数字地球几个阶段。目前，它在生产和生活中发挥着重要作用。

我国地理信息技术的发展始于 20 世纪 50 年代。目前，我国不仅成功发射了"神舟"系列飞船，而且还建设了具有自主知识产权的区域性卫星定位导航系统——"北斗导航系统"，成为世界上继美国、俄罗斯之后，第三个拥有卫星定位与导航系统的国家。

地理信息技术具有地理信息获取、分析、模拟、图形表达等功能，在现代生活和生产中具有广泛的应用价值。

随着经济的发展和人们生活水平的提高，人们更加关注生活质量，渴望更加高效、顺畅、安全地工作和生活，地理信息技术为实现这些愿望提供了技术支持。[①]

（二）地理信息技术的核心

遥感（RS）技术、地理信息系统（GIS）技术、全球导航卫星系统（GNSS）技术是地理信息技术的核心。

1. 遥感技术

（1）遥感技术的概念

遥感技术是利用遥感设备和遥感器从空中来探测地面和地下（或水下）物体性质的技术。它利用地面上空的飞机、飞船、卫星等飞行物上的遥感器收集地球表面和地下（或水下）物体的数据资料，根据不同物体对波谱产生不同响应的原理来识别地球表面和地下（或水下）物体的性质，具有遥远感知事物的意义。

遥感技术是从远距离感知目标反射或自身辐射的电磁波、可见光、红外线，对目标进行探测和识别的技术。现代遥感技术主要包括信息的获取、传输、存储和处理等环节。完成上述功能的全套系统称为遥感系统，其主要包括遥感平台、遥感器和遥感数据传输和处理设备等组成，其核心组成部分是获取信息的遥感器。

遥感平台是遥感过程中装载遥感器的运载工具，是在空中或空间安放遥感器的装置。主要的遥感平台有高空气球、飞机、火箭、人造卫星、载人宇宙飞船等。

遥感器是远距离感测地物环境辐射或反射电磁波的仪器，除可见光摄影机、红外摄影机、紫外摄影机外，还有红外扫描仪、多光谱扫描仪、微波辐射

----

① 孙汉群. 地理信息技术与地理教学的整合［M］. 南京：江苏人民出版社，2020：1.

和散射计、侧视雷达、专题成像仪、成像光谱仪等，遥感器正在向多光谱、多极化、微型化和高分辨率的方向发展。遥感器接收到的数字和图像信息，通常采用三种记录方式：胶片、图像和数字磁带。

遥感数据传输设备用于将遥感信息从远距离平台传回地面站。遥感数据处理设备包括彩色合成仪、图像判读仪和数字图像处理机等。遥感数据通过校正、变换、分解、组合等光学处理或图像数字处理过程，提供给用户分析、判读，或在地理信息系统和专家系统的支持下，制成专题地图或统计图表，为资源勘察、环境监测、国土测绘、军事侦察提供信息服务。

（2）遥感技术的特点

①可获取大范围数据资料。遥感用航摄飞机飞行高度为 10 km 左右，陆地卫星的卫星轨道高度达 910 km 左右。由于测量高度高，覆盖范围广，遥感技术可获取大范围的地理信息。

②卫星遥感获取地理信息的速度快，周期短。由于卫星围绕地球运转，从而能及时获取所经地区的各种自然现象的最新资料，以便更新原有资料，或根据新旧资料变化进行动态监测，这是人工实地测量和航空摄影测量无法比拟的。

③获取信息受条件限制少。在地球上有很多地方，自然条件极为恶劣，人类难以到达，如沙漠、沼泽、崇山峻岭等。而采用不受地面条件限制的遥感技术，特别是卫星遥感可以方便及时地获取各种宝贵资料。

④获取信息的手段多，信息量大。根据不同的任务，遥感技术可以选用不同波段和遥感仪器来获取信息。例如，可以采用可见光探测物体，也可以采用紫外线、红外线和微波探测物体。利用不同波段对物体不同的穿透性，还可以获取地物内部信息。例如，地面深层、水的下层、冰层下的水体、沙漠下面的地物特性等，微波波段还可以全天候工作。

2. 地理信息系统（GIS）技术

（1）地理信息系统技术的概念

地理信息系统技术是在计算机硬、软件系统支持下，对整个或部分地球表层（包括大气层）空间中的有关地理分布数据进行采集、储存、管理、运算、分析、显示和描述的技术。地理信息系统处理、管理的对象是多种地理空间实体数据及其关系，包括空间定位数据、图形数据、遥感图像数据、属性数据等，用于分析和处理在一定地理区域内分布的各种现象和过程，解决复杂的规划、决策和管理问题。

地理信息系统是一种基于计算机的技术工具，它可以对空间信息进行分析和处理。地理信息系统技术把地图这种独特的视觉化效果和地理分析功能与一般的数据库操作集成在一起。

地理信息系统的技术优势在于它的数据综合、模拟与分析评价能力，可以得到常规方法或普通信息系统难以得到的重要信息，实现地理空间过程演化的模拟和预测。

地理信息系统（GIS）技术能够应用于科学调查、资源管理、财产管理、发展规划、绘图和路线规划。

因此，地理信息系统（Geographic Information System，GIS）是一种专门用于采集、存储、管理、分析和表达空间数据的信息系统，它既是表达、模拟现实空间世界和进行空间数据处理分析的"工具"，也可看作人们用于解决空间问题的"资源"，同时还是一门关于空间信息处理分析的"科学技术"。

（2）地理信息系统技术的特点

①地理信息系统具有对空间数据和属性数据进行集中和统一操作和处理的能力。地理信息系统在分析和处理问题中使用了空间数据与属性数据，并通过数据库管理系统将两者联系在一起共同管理、分析和应用。空间数据的根本特点是每一个数据都按统一的地理坐标进行编码，实现对其定位、定性和定量的描述，这是地理信息系统区别于其他类型信息系统的根本标志，也是其技术难点之所在。

②地理信息系统强调空间分析，通过利用空间解析模型来分析空间数据，地理信息系统的成功应用依赖于空间分析模型的研究与设计。一般的地理信息系统都具有空间叠置分析、缓冲区分析、网络路径分析和数字地形分析等空间分析的能力。

③地理信息系统具有综合处理地理信息的能力。地理信息系统与测绘学和地理学有着密切的关系，是联系遥感技术和全球定位技术的纽带。遥感技术为地理信息系统中的空间实体提供了各种不同比例尺和精度的测量数据；全球定位技术可直接、快速和自动地获取空间目标的三维空间坐标，为地理信息系统提供准确和实时的空间信息，促使地理信息系统向更高层次发展。

3. 全球导航卫星系统（GNSS）

全球导航卫星系统（GNSS）是包括四个全球性的导航卫星系统和两个区域性的导航卫星系统在内的全球卫星定位与导航系统的总称。四个全球性的导航卫星系统是美国的 GPS、中国的北斗、俄罗斯的 GLONASS 和欧盟的GALILEO 系统，两个区域性的导航卫星系统是日本的准天顶卫星系统（QZSS）、印度区域导航卫星系统（IRNSS）。全球导航卫星系统（GNSS）是能在地球表面或近地空间的任何地点为用户提供全天候的三维坐标和速度以及时间信息的空基无线电导航定位系统。

二、基于地理信息的线上线下智慧旅游移动服务模式研究

（一）智慧旅游移动服务模式的构建思路

1. 线上线下旅游服务的设计思路

依托智慧旅游基础数据，借助二维码导视标牌、手绘地图、地图自助终端和智能手机等线下媒介，应用 LBS 地理信息位置服务、微信平台和二维码等技术平台，实现基于微信公众号的地图导航、微官网、微导游、微商城等线上应用。其中，①智慧旅游基础数据：深入研究和分析旅游目的地的区域概况、地理位置、历史故事、文化价值、重要景点、游玩项目等背景资料，制作和包装导游导览所需的文字、图片、音频、视频、720°全景、VR/AR 三维展示信息等基础数据，以及每一个特定二维码对应 Html5 页面展示内容；②线下媒介：基于百度、高德、腾讯等电子地图和遥感影像提供的地理信息，结合艺术化手段设计和制作旅游手绘地图，并分析游客途经路线及活跃区域来选取地图自助终端的合适部署点位，分析游览线路上的重要讲解景点来布设导视标牌二维码的合理位置；③线上应用：注册微信公众号，开发微信公众平台功能，基于智能手机和微信平台的 LBS 位置服务和二维码扫描功能，接入百度、腾讯地图 API，实现线上导游、导览、导购等智慧旅游移动服务。

2. 智慧旅游移动服务的技术路线

我们借助移动通信网络和卫星定位系统相结合的 LBS 技术来实现手机微信端的空间位置信息服务，租赁云服务器来实现数据存储管理，基于微信公众平台开发移动应用子系统；为导视标牌、手绘地图、地图自助终端等线下媒介配备专属二维码；借助移动终端摄像头扫描二维码访问 Html5 页面或关联微信公众号，并关联微官网、导游导览、定位导航、在线商城、AR 互动体验等线上应用的访问入口。

其中，智慧旅游移动服务线上应用的关键技术：①微信公众平台采用标准化后台管理+个性化前端应用的定制开发模式，主要包括后台管理 Web 程序和前端应用 WAP 程序；②AR 互动平台结合手机 LBS 实现摄像头空间定位，通过摄像机获取真实场景并分析其特征信息，根据摄像头跟踪识别读取虚拟信息，将三维虚拟模型在真实场景中进行三维注册，通过空间转换、图像变换、实时渲染等过程，将虚拟对象的数据流与真实世界的视频流无缝"融合"，最终在屏幕上显示现实信息数据流。

（二）线上线下相互结合的技术实现

1. 线下媒介结合二维码扫描

（1）标识标牌

结合传统导视标牌和二维码的智慧标牌形式，在旅游线路主要节点、重要景点位置设立标识标牌，具备路标指示、地图展现、危险警示以及设施标识等功能。游客在旅游参观时利用移动终端扫描标识标牌上的二维码，可接入导游导览系统，实现整个景区的自助导游导览，便于游客深入地了解各景点的详情介绍，定位当前游览位置，导航指引至目的地，提高公众旅游体验的便捷度和满意度。

（2）手绘地图

手绘地图是指采用手工绘制方式制作的地图，从游客角度出发囊括吃、住、行、游、娱、购旅游六要素，以手绘的艺术形式展现当地旅游的推荐游、推荐吃、推荐玩、推荐买等多重信息。手绘地图与传统行政地图或城市旅游地图不同，将古代手绘手法同现代审美和科技手段相结合，既考虑地图的地理空间比例关系，又突出地图的艺术美感，将精准平面地图与立体绘画巧妙地结合起来，兼具艺术感、实用性、观赏性，可作为景区对外宣传的一张名片，对游客而言具备一定的珍藏纪念价值。

采用"互联网+地图"的模式，将手绘地图升级成一张包含诸多信息的智能地图，在纸质版手绘地图的适当位置设计二维码。当游客手持手绘地图游览景区时，对自己感兴趣的景点可用手机扫描二维码，实现景点图文简介、音视频讲解、地图定位导航、VR 虚拟旅游、AR 指向引导等功能。

（3）地图自助终端

基于遥感影像和电子地图，分析景区内部的格局及周边的交通情况，在人流密集点、途经点、休憩点、售票处等位置布设地图自助终端；将纸质版手绘地图置于地图自助终端内，游客用智能手机扫描地图自助终端显示屏上的"领取地图"二维码，关注景区官方微信公众号，地图自助终端即可自动发放一份手绘地图到出纸口，便于游客自行领取手绘地图。

地图自助终端的硬件设备由内部机械及控制面板、显示屏、出纸口、表面钢化玻璃面板、广告灯箱、遮阳防雨棚等组成；后台管理软件基于 LAMP 网站架构开发，实现自助终端的地图自动发放、远程管理和微信端的查阅统计等功能。

2. 线上应用子系统功能开发

（1）微信公众号

微信公众号注重对游客旅行前、中、后的服务分类：在旅行前对景区的宣传推广；在旅行中提供全面细致的旅行服务；在旅行后收集与展示游客心得，为潜在旅游人群提供营销素材，为景区可持续发展积累互联网大数据。微信公众平台包含建设和运营两方面内容，其实现步骤为：注册→功能开发→运营。其中，微信公众平台开发的功能有：①景点介绍、图文推送、自定义菜单、人工智能回复等基础功能；②景区及其周边的吃、住、行、游、购、娱旅游信息服务，天气预报查询，地图定位导航等信息展示，以及年卡办理、会员优惠、在线预约、在线商城等服务功能；③主题活动、互动分享、攻略分享、有奖活动等互动功能。

（2）导游导览系统

游客通过扫描标识标牌、手绘地图二维码或关注景区微信公众号关联导游导览系统。导游导览系统分为地图导览、列表导览两种模式，提供地图、图文、音频、视频、720°全景等多种形式的信息服务。地图导览可以实现定位分享、周边搜索、目的地导航等功能；列表导览可以实现景点导引、景点讲解、线路推荐、特色餐饮、导游导购等功能。游客可以基于电子地图寻找景点、酒店、餐馆、商铺、厕所、停车场等旅游兴趣点，可以点击图标查看详细信息，便于游客了解自然风光、人文景观、推荐景点、交通线路、特色商品、餐饮娱乐等内容。

（3）在线商城系统

根据景区自身需要开发定制在线商城系统，其前端实现旅游纪念品、文创产品、特产等与景区特性相吻合的商品在线销售，并可以提供门票购买和预订，餐饮、酒店、游玩、租车、导游预订或预约等；后台管理包含商品管理、订单管理、统计报表等功能，分析在线商城销售数据情况，为后续的商品优化提供依据。游客获取消费权益后可持线上消费凭证到 O2O 线下实体商家进行交易或核销。

（4）AR 互动体验

AR 技术通过将计算机生成的虚拟数字内容信息与真实环境融为一体的方式来增强用户对真实环境的理解。当游客用智能手机扫描景点导视标牌或手绘地图上预设的特定二维码可以关联 AR 互动平台，实现虚拟和现实的融合讲解，也可以将历史古迹遗址 3D 建筑场景重现；可以关联 AR 实景扫描小游戏，增加游玩娱乐趣味性；游客还可以享受 AR 导向服务，手机虚拟线路结合实景导航，指引游客找到目的地，带来更好的互动游览体验。

（三）智慧旅游移动服务的应用实践

手绘地图和智能地图自助终端在多个旅游目的地进行了投放和试运营，得到旅游管理者、游客等各方面的一致好评。同时，一些旅游景区的微信公众号和导游导览系统也为游客提供有效的智慧旅游信息移动服务。

1. 手绘地图自助发放

当前大部分游客在景区获取地图的方式非常有限且效果不佳，主要体现在获取渠道少、地图样式传统、信息更新不及时、不知道谁取了地图、谁用了地图等方面。我们采用科学手段结合艺术美化的方式个性化定制旅游目的地手绘地图，并采用智能地图自助终端来解决手绘地图的发放问题，扫描二维码→关注微信号→发放手绘地图，并借此为景区提供微信公众号吸粉增粉的推广渠道，为游客提供智慧旅游线上移动服务的访问入口，为旅游大数据的分析提供游客行为数据收集手段。

2. 微信公众号旅游服务

可以通过扫描景区导视标牌、手绘地图、地图自助终端等线下媒介配备的二维码关注景区微信公众号。除了宣传推广、新闻资讯、旅游咨询等基础功能外，可以关联电子地图、导游导览、在线电商等子系统的访问入口，以微信H5页面展示相关信息，实现"一部手机游遍景区"，为游客提供自助式、移动化的旅游体验。

3. 旅游大数据收集与分析

基于导视标牌、手绘地图上的二维码扫描情况可以获取游客游览位置并统计H5页面访问量；智能地图自助终端配备的后台管理软件，可以实时统计和分析当前游客取图位置和数量，便于景区管理者掌握游客流量、活跃区域、高峰时段等情况；微信公众号后台可以统计微信关注用户访问量，收集游客的基本特征、游览景点与线路、旅游消费情况等，逐步积累互联网旅游大数据，并进行深入分析，为景区的决策提供可靠的依据。[①]

第四节　元宇宙技术

一、元宇宙技术概述

元宇宙一词最早出自美国某一作家1992年的科幻小说《雪崩》，是作者

① 林飞娜，刘克，郑萍.基于地理信息的线上线下智慧旅游移动服务模式研究 [J]. 地理信息世界，2019，26（1）.

在书中构建的一个平行于现实世界的虚拟数字世界。从字面上来看，元宇宙（Metaverse）是超越（Meta）和宇宙（Universe）的结合体。目前国际上最权威的关于元宇宙的概念描述，是美国"元宇宙第一股"Roblox 公司提出的元宇宙八大要素，即身份、朋友、沉浸感、低延迟、多样性、随时随地、经济系统和文明，实际涵盖应用、技术和硬件等三大类基础条件。国内的腾讯研究院也曾给出虚拟世界的七大特征，被认为是元宇宙的理想状态，即一个拥有极度沉浸式体验、超时空的社交体系、丰富多彩的内容生态、虚实结合的经济系统和能映射真实人类社会文明的超大型数字社区。

2018 年上映的美国科幻电影《头号玩家》中出现的虚拟空间"绿洲"，是目前最典型的元宇宙存在形态和应用场景构想。电影中，用户可以通过扩展现实（XR）的头戴显示器、追踪系统、扫描仪、传感器等终端设备，基于与 3D 或 4D 电影类似的原理登录元宇宙，获得身临其境的虚拟空间感官体验。"绿洲"中时间与现实同步，既复制了现实世界存在的各种建筑物、书籍、交通工具等，也存在虚拟创造物。用户可以在元宇宙中创建数字身份，进行一切现实中的生产、生活、娱乐活动，并将元宇宙中获得的经济收入在现实世界中进行兑现。

从技术角度看，元宇宙并不是一种独立技术，而是一个数字领域多种前沿技术互相融合的综合性应用形态，是各种技术在应用层面的集成和扩展。至少包含三大类技术：第一类是虚拟现实（VR）、增强现实（AR）、混合现实（MR）等扩展现实（XR）的前端设备和技术，通过提供视觉、触觉、听觉、嗅觉、运动感等多套解决方案的沉浸式体验，构建一个可以人机交互的虚拟环境。第二类是人工智能、图像引擎、数字孪生、区块链、游戏设计等涉及元宇宙底层架构的技术，旨在实现元宇宙世界与现实世界的高度同步和高保真，增强虚拟空间的现实感，并确保元宇宙用户的隐私安全性等。第三类是网络通信技术、物联网、云计算、算法和算力改进等数字基础设施及相关技术，主要确保元宇宙虚拟数字空间能平行于客观世界存在，并实现长期可持续的稳定运行。①

二、元宇宙融入智慧旅游的意义

（一）优化旅游体验服务

元宇宙旅游可以在很大程度上优化游客的预订体验，提高游客的预订成功率。例如，酒店可以使用 VR 技术或者数字复刻技术，让客人感知房间的大小

---

① 谢琳灿，张华珺. 元宇宙的技术内涵与发展评议［J］. 科技中国，2023（1）.

并观察设施是否齐全、布局是否舒适等。

元宇宙视域下，旅游业还可以依靠信息技术向游客实时推送相关通知，大大提高工作效率，优化游客体验。例如，旅游景区可以增加景点介绍、旅游路线推荐等信息，实现虚拟世界与现实世界的互动，为游客规划更细致的旅游路线，提高旅游服务水平，为用户提供沉浸式数字体验和良好的交互体验。

（二）带动相关产业发展

元宇宙技术可以带动软件开发及数字孪生技术企业的发展。元宇宙需要应用数字孪生技术，以现实世界为蓝本在虚拟世界构建数字模型。这些数字模型可以嵌入智慧旅游，优化游客体验。这将催生开发这类软件及成立数字孪生技术企业的需要。

元宇宙技术可以带动相关智能穿戴设备制造业的发展，并且在智能装备的基础上再开发软件。

（三）实现经济变现方式的多元化

商用领域已经出现了元宇宙理念和元素，如很多旅游景点推出了专属数字藏品。当下数字藏品是数字时代的重要价值标的物，是品牌 IP 布局元宇宙产业的敲门砖。

而企业可以在元宇宙旅游营销中融入沉浸式体验、沉浸式产品和服务演示。例如，在元宇宙植入广告或相关产品。

第四章　智慧旅游管理

旅游是文化的载体，文化是旅游的灵魂，旅游是一种生活方式。当下，人们的生活节奏越来越快，旅游成为放松心情、放下工作，重新诠释生命的美好体验。随着互联网的普及，"互联网+"已经涉及各行各业，旅游业也不例外。虽然目前大部分景区已经上线信息化管理系统，记录各类出行数据、旅游数据，但是却不能对这些数据信息做进一步挖掘与分析，也不能进一步发挥大数据分析的价值。智慧旅游的发展不仅可以满足传统旅游景区转型升级的需求，还可以满足旅游业持续、健康发展的要求，是提升旅游业整体发展管理水平的重要手段。本章将简要叙述智慧旅游管理的相关知识。

第一节　智慧旅游目的地管理

一、理论分析

基于智慧旅游的旅游目的地管理是旅游目的地管理的发展趋势。智慧旅游的目的地管理依托智慧旅游云计算平台、智慧旅游云服务平台、物联网、移动互联网等技术支撑，实现旅游管理方式由传统旅游管理方式向现代管理方式的转变，实现旅游行政服务的便捷化、旅游监测预报的准确化、旅游信息管理的完善化，推动智慧旅游技术在旅游目的地管理中的应用，最终使旅游目的地为游客提供更为健康、安全、舒适的旅游环境。

智慧旅游目的地管理是指将感应器嵌入和装备到各类旅游资源中，通过服务器和云计算将物联网整合起来，实现旅游资源和旅游信息的整合，准确和实时地进行目的地旅游管理。智慧旅游目的地管理可以实现旅游目的地景点、酒店、交通等设施的物联网与互联网体系完全连接和融合，加强旅游行政管理部门、游客、旅游企业和旅游资源与环境之间的互动，将数据整合为旅游资源核心数据库，为游客提供更加智慧的目的地旅游管理和优质服务，推动旅游目的地整体发展。

二、智慧旅游目的地管理体系构建存在的问题

（一）信息共享平台不健全

随着我国经济的快速提高，旅游业也在不断发展。为了满足游客不断增长的需求，促进旅游业的进一步发展，许多地区开始重视智慧旅游建设。智慧旅游的建设与发展需要以大量信息资源作为支撑，因此推进智慧旅游建设要以完善的信息共享平台为基础。但目前我国部分地区在构建信息共享平台过程中存在很多问题。首先，部分地区在进行目的地智慧旅游管理体系构建时缺乏统一规划与指导，导致信息共享平台构建存在不同程度的重复建设问题。[①] 其次，部分地区在开展信息共享平台构建时存在缺乏专业人才支持，导致平台构建效率较低。再次，部分地区在进行目的地智慧旅游建设时缺乏完善的信息化基础设施，导致地区无法实现与其他地区信息共享平台的互联互通。最后，部分地区在开展信息共享平台构建过程中存在数据整合难度较大的问题，导致地区无法实现对旅游相关数据的有效整合与利用。

（二）安全隐患较大

目前部分地区目的地智慧旅游管理体系构建还存在一定的安全隐患，主要表现在以下三个方面：第一，部分地区在智慧旅游建设过程中，主要依托网络信息技术进行管理与服务，这很容易导致信息数据泄露，尤其是游客个人隐私信息更容易被不法分子获取，会对游客的人身安全造成影响；第二，智慧旅游系统的建设过程往往需要通过各种传感器对旅游目的地的环境进行实时监测与监控，这就导致存储在传感器的数据有泄露风险，一旦传感器被破坏，将会对游客的人身安全造成威胁；第三，智慧旅游系统涉及内容较多，在构建过程中容易出现漏洞与缺陷。因此，相关地区要加强对智慧旅游系统数据信息安全性的重视，保障游客旅游安全，为其创造良好的旅游环境。

三、智慧旅游目的地管理的提升路径

（一）进一步完善旅游目的地信息共享的内容

（1）景区景点综合信息，包括主要旅游景区景点的名称、简介、地理分

---

① 王悦荣. 基于智慧旅游的目的地旅游管理体系构建研究 [J]. 旅游纵览，2023（7）.

布、地图、游览线路、分类、等级、主要特征、开放时间、门票价格、附近配套服务设施、承载量、安全保障、旅游便利程度、可视化场景模拟、视觉形象标识、旅游广告等信息。

（2）旅游接待服务综合信息，包括旅游服务设施、特色旅游路线、精品路线的设计、价格、时间里程等信息；也包括吃、住、行、游、娱、购各大要素、旅游新闻、节庆活动、会议会展等综合信息。这些信息可以方便游客进行旅游预体验，制订出行规划，做出旅游决策。

（3）旅游交通信息，包括公路、铁路、航空状况；机场、汽车站、火车站位置；列车时刻表、公交车路线表；气候特点、出行注意事项、安全规定等。特别是与旅游景区景点的时空对接、交通枢纽疏导、旅游出行推介、交通服务标准等信息。

（4）危机应对及舆情疏导信息，包括旅游目的地的公众评价、旅游舆情、旅游事件等；及时了解旅游舆情与疏导公众情绪，处理旅游事件，维护旅游目的地形象。旅游目的地可采取发布旅游公益广告等手段，宣传旅游目的价值观、精神风貌、社会正能量等。

（5）旅游企业信息，包括目的地旅行社、酒店宾馆的种类、名称、联系方式、服务项目、业务流程、价格等信息，提供预订、网上结算等服务，配合虚拟可视化体验系统；还包括服务形象、信誉度、接待服务标准及等级、旅游产品设计、客户关系档案等。

（6）旅游商品信息，包括旅游用品、旅游装备、旅游纪念品、艺术品、地方特色产品等综合信息，提供旅游电子商务服务，推行"线上+线下+体验"模式，发布旅游业目的地综合营销信息、旅游商品供应链信息、旅游消费品推介等。

（7）行业管理信息，包括目的地文化与旅游管理部门、景区管委会等机构名称、地址、电话、邮编等；向社会公告地区旅游发展规划、旅游管理法律法规、旅游市场准入规定、旅游开发与建设招商引资项目，还有旅游目的地旅游形象主体、宣传语、旅游行业动态、政府及企业活动、行业统计、行业评定与评估、行业服务规范、行业监管情况等。

（8）当地文化宣传信息，包括民俗民情、饮食文化、民间艺术、历史、宗教、地方文艺、名人、旅游文学等，可以做成旅游目的地公益文化、民族文化百科知识普及信息窗口，方便公众搜索、浏览、学习、感悟与研究，从而提高旅游目的地形象。

（二）合力打造旅游目的地智慧旅游

（1）政府应重新审视与认识智慧旅游的重要性。积极倡导旅游目的地智慧旅游，在完善实体旅游管理的基础上强调和重视网络虚拟管理，借助信息技术提升旅游目的地形象；着力解决信息化建设投入不足、技术装备能力弱等问题；规范与优化旅游行业管理手段，进一步提高旅游公共服务水平；充分利用智慧旅游整合旅游目的地旅游资源，使其在产业转型中发挥主导作用。

（2）旅游企业要极力解决信息管理能力低的问题。推广旅游目的地智慧旅游应借鉴发展经验，借助多元化社会力量，提高旅游企业的信息化管理能力，创造新的市场机会；优化旅游电子商务，发挥旅游信息的经济功能、社会功能与管理功能，克服信息孤岛、信息碎片化等问题；增设人工智能化设备，善于利用新媒体营销，完善旅游预测及反馈平台，将各种旅游信息虚拟资源转化为现实收入与财富，优化价格管理与旅游产品策略，积极提高旅游企业经济效益。

（3）社会公众要主动借助智慧旅游形成社会监督力场。从供给角度看，旅游目的地智慧旅游属于旅游信息化建设工程，需要广大社会公众积极响应。从需求的角度看，智慧旅游的服务对象是社会公众，旅游舆情、旅游事件的最直接响应者也是社会公众，没有大量的信息浏览、访问、应用，旅游目的地智慧旅游也将失去现实意义。[①] 因此，应优化智慧旅游信息共享系统，使社会公众及时了解与反映情况，能自由访问信息系统，进而形成强大的社会监督力量，使游客真正享受到吃、住、行、游、购、娱等全方位的智慧旅游贴心服务与情景体验。

第二节 智慧旅游行业监督管理

智慧旅游是在国家经济发展的大背景下产生和发展的，这种大环境和智慧旅游本身的新颖性，决定了智慧旅游的发展离不开政策支持，完善的制度是智慧旅游持续快速发展的保证和重要动力。智慧旅游行业监督管理将有助于旅游行业实现从传统旅游管理方式向现代管理方式的转变，信息技术可以帮助政府及时准确地掌握旅游行业内部旅游企业的经营信息，实现旅游行业监管从传统

---

① 罗君名. 目的地视角下智慧旅游的价值逻辑与提升路径 [J]. 智能城市，2020（13）.

的被动处理、事后管理向过程管理和实时管理转变。对于旅游行业管理部门而言，建设智慧旅游有助于掌握行业动态、强化宣传效果、强化市场监管、改善游客体验。对于旅游局及管理人员而言，建设智慧旅游可以加强行业监管力度、提高管理工作效力。

智慧旅游行业监督管理是指目的地政府旅游行政管理部门，将智慧旅游管理平台搜集到的数据进行分类、整合、分析，进而对辖区内旅游行业进行监督管理。旅游行政管理部门对辖区内的住宿业、旅行社、景点等行业数据信息进行可视化管理，通过对数据的筛选和挖掘及时进行旅游行业发展分析决策。

一、智慧旅游行业监督管理的理论基础

第一，政府的基本功能是提供公共物品。由于公共物品的非排他性，私人经济部门因投入多、收益低而不愿或无力生产、提供；同时，如果公共物品的生产和提供形成垄断，将损害消费者利益。因此，政府必须通过国家预算开支担负公共物品的生产和供给的主要责任。第二，政府要扮演外部效应的消除者角色。外部性分为正外部性与负外部性两种，外部性的存在无法通过市场机制加以解决，因此政府需要承担有关外部性工作的责任。政府通过补贴或公共部门的直接生产来推进正外部性的产生，通过直接的管制限制负外部性的产生。第三，政府要担当市场秩序的维护者。自由放任的市场竞争会产生垄断，市场机制易遭到破坏。政府需要通过立法维护市场秩序，充当裁判员，为市场公平竞争创造和维护必要的制度环境。

当智慧旅游处于起步发展阶段，政府应该积极主动地引导、规范、宣传并为智慧旅游的发展做规划性决策。当智慧旅游达到成熟发展阶段，政府就要以监督、协调等行为为主。

在智慧旅游起步与衰退阶段，各种资源配置不规范、秩序性差，当市场对智慧旅游建设关注程度较高时，即市场力量比较活跃，主动寻求各种机会，挖掘资源，将自身力量投入建设，但依旧需要政策方面的支持。政府此时应该积极与市场合作，为之搭建平台，制定支持性政策和建设规划，支持市场力量建设智慧旅游。当市场关注度较低或参与度较低时，大多数企业持观望态度，对智慧旅游发展前景信心不大，不理解智慧旅游建设的意义和如何建设等。政府此时需要发掘市场关注度或参与度不高的原因，并有针对性地积极引导，广泛宣传以及适当决策、制定政策等，为智慧旅游的发展招商引资、提供资金和政策支持、培养专业技术人才，以吸引市场力量，将市场力量充分调动起来。

在智慧旅游快速发展与成熟阶段，建设事业已步入正轨，资源配置有序，市场关注度高并积极参与智慧旅游建设，市场力量活跃，且参与智慧旅游建设的市场竞争力强，建设主体多而杂，此时政府一方面要监督智慧旅游系统运行过程中的合法性，另一方面要采取措施保障智慧旅游的安全性。① 当市场关注度低且参与度不高，市场疲软，即表现为智慧旅游发展由个别少数市场主体运作，形成一定的行业壁垒，后来者很难进入此行业，甚至出现垄断现象。政府此时应监管成熟的运作主体，防止垄断行业形成，促使小型市场主体参与竞争，以搞活市场运作、促进社会经济和谐有序发展。

二、智慧旅游行业监督管理现状

（一）各个区旅游业发展不平衡

我国疆域辽阔，但是相对比来看，各个区域的经济发展水平存在一定差别，并且由于各个地区的文化也有一定的差异，所以导致我国普通的区域在进行旅游业发展的过程中呈现不一样的发展模式以及发展思路。比如一些因旅游业而出名的城市，就将旅游行业作为重要的发展核心，而旅游业发展比较缓慢的城市在发展旅游行业的过程中遇到了一些困难，面对诸多的问题，产生的经济发展效果不是非常理想。正是由于我国各个区域之间存在非常明显的差异，导致我国智慧旅游建设出现很多问题，造成我国智慧旅游行业总体的发展水平比较低，甚至各个区域的旅游行业无法实现同步发展。针对这一问题，要尽快采取相关的措施解决。根据各个地区旅游行业的不同发展状况采取因地区而异的发展战略，比较发达的省份应该施行鼓励、优先发展的旅游管理政策，相反，旅游业发展较慢的城市应加快智慧旅游管理的开发步伐，旅游行业发展比较发达的地区带动旅游行业发展较慢的地区，有效提高旅游行业的整体发展水平。

（二）旅游管理整体水平较低

旅游管理的整体水平较低直接影响我国智慧旅游行业的发展，这也要求行业尽快建立公寓旅游管理的相关机制，有效提高旅游行业的服务功能，充分对现有的服务旅游资源进行利用，带动智慧旅游行业的发展，有效提高智慧旅游的服务质量水平，但是当前各个地区的很多旅游资源项目已经被开发建设，一些旅游企业管理人才将发展的战略重点放在景点的经济利益上面，而对于开发新的旅游项目关注比较少，难以满足游客对于旅游景点的各种需求，导致智慧旅游的发展受到严重影响。

---

① 陈薇. 大数据时代智慧旅游管理与服务［M］. 北京：中华工商联合出版社，2021：107.

（三）智慧旅游体系的建设需求

智慧旅游管理本来就是比较庞大、复杂的工程，为了满足当前游客在旅游过程当中产生的各种需要，旅游行业对智慧旅游管理的相关体系提出了较高要求，这主要体现在以下几个方面，首先就是信息化方面的要求，由于智慧旅游管理本身涉及的旅游信息非常广泛，所以对信息收集和处理的要求就更高，这主要是为了保证游客在旅游的过程当中所使用的信息资源具有安全性以及可靠性；其次就是层次化的需求，主要指的是旅游业和其他行业存在的层次问题，在对智慧旅游管理活动进行开展和落实的过程当中，一定要和其他行业进行区分，结合当地的实际情况进行完善、开展创新。

三、智慧旅游行业监督管理的改进措施

（一）完善智慧旅游相关设施的建设

智慧旅游运用到旅游行业的管理工作当中能够有效加强行业内各企业硬件设施的建设，进而帮助企业打造一体化的服务体系。旅游行业还可以将智慧旅游与计算机的相关技术结合在一起，运用电子化的方式进行导游，为游客提供更加丰富与多元化的信息查询方式，确保游客能够更好地了解当地旅游资源以及旅游文化，与此同时还能够有效带动当地其他产业的发展。此外，旅游行业要通过为游客提供便利的交流条件以及全方位的导航服务来提高游客游览的效率，确保游客在出行的过程中能够将更多的精力用在游玩以及消费等方面，为游客出游提供更加贴心的服务。

（二）改善自身的服务观念

虽然旅游产业是新兴的服务型产业，但是旅游产业为人们提供的服务却有深远的历史，而且还能为游客们带来丰富的体验，因此旅游行业的各企业在经营的过程中一定要加强自身服务的观念，可以在网站平台上为游客提供服务评价的板块，确保游客能够更加方便地表达自己的看法。认真对待游客提出的建议，如果确实存在不合理的地方就要及时改正，确保一直为游客提供更加优质的旅游服务。此外，旅游行业提升服务的关键一点就是提升自身的服务原则，始终坚持游客利益至上的原则，所有的一切活动都要围绕游客中心进行开展，有效提升自身的服务质量，促进行业发展。

（三）提升旅游行业的管理效率

智慧旅游指将信息技术、电子设备以及旅游管理专业的知识结合起来，按照社会的发展情况制定相应的管理体系以及营销方法的现代旅游。信息技术主要应用于旅游企业管理工作中的以下方面，首先就是财务管理方面，在财务管理工作中采用一些办公自动化的系统辅助管理。其次就是旅游企业内部的决策管理，应该充分利用信息化的相关手段来记录管理工作的内容，帮助行业自身开发出更多旅游业务和功能，最终有效提升旅游行业的管理效率。

（四）加强综合性管理

行业的综合化管理需要面向社会，为更多的团体以及个人提供服务。在这样的情况下，相关的旅游企业需要建立更为综合的管理系统，完善综合管理系统的相关功能，对游客采取积极有效的引导，为游客反馈意见提供更多途径，收到评论之后要整理上传到相关的旅游管理部门当中，更好地帮助旅游管理部门实现旅游行业的监管。① 此外运用这种方式还能够更好地了解游客需求，满足游客的需要。此外，旅游公司还要在地区选出一些有代表性的景观，对游客加大景观的宣传力度，确保当地旅游业能够朝着更好的方向发展。旅游行业还可以为游客打造一款可以提前预知景区天气情况的 App，确保游客在出游前能够及时了解当地的天气情况，进而更好地调整出游计划。

第三节　智慧旅游安全保障管理

健全完善智慧旅游安全管理体系有一定的基础条件，这里的基础条件主要包括两点，一点为电子政务的开展，另一点为旅游信息化法律法规的健全。旅游电子政务是政府利用信息技术为游客提供更加丰富的信息服务行政活动。在为游客提供这一服务时，政府会借助信息技术完成旅游管理信息数据库的构建，甚至会在内部建立各部门相互沟通的渠道，这样就能为社会提供更加优质的旅游信息服务。政府要确保智慧旅游行业的发展，就要积极建立更加完善的法律法规体系。智慧旅游所承载的最主要和最基础的价值就是旅游信息的服务价值，通过运用物联网技术、移动通信技术、人工智能技术、云计算技术等多

---

① 梁川飞. 智慧旅游在旅游企业管理中的应用现状与方法研究［J］. 中国市场，2022（15）.

种技术提高旅游信息的完整性和旅游出行的便利性。智慧旅游的正面优势是显而易见的，但是多种技术的运用也造成了旅游安全的威胁，因而需要根据智慧旅游所面对的威胁而不断寻找新的解决方法。

一、智慧旅游的安全威胁因子分析

（一）智慧旅游发展建设的外部威胁因素

1. 智慧旅游理念认识不统一，各地发展存在严重差异

在智慧旅游如火如荼展开的同时出现了显著的问题，即"此家智慧旅游非彼家智慧旅游"，各地对智慧旅游的认识理念不一致，仅仅靠自身对智慧旅游的认识开展建设。关于智慧旅游的研究目前还处于起步阶段，对这一项课题的研究、建设如火如荼是一件好事情，但是反过来说也有一定弊端。因为没有统一的认知理念，只依据大概的模糊的概念了解就进行建设，很容易使各地发展差异化，造成日后智慧旅游整合困难。如镇江市的目标是把镇江建设成为国家智慧旅游服务中心，以中国智慧旅游云计算平台、智慧旅游感知网络体系、智慧旅游联盟、智慧旅游产业谷等作为重点的建设内容，以期依托云计算平台，实现畅游天下，为我国旅游业提供智慧服务支持；而福建省要着力打造"三个1"工程和"三个1"项目，致力于智能旅游引领旅游业发展，提升游客消费附加值，改善旅游体验。以上省、市地方牵头建设的智慧旅游和网络客户端，都是从自身的优点和特点出发，虽同为智慧旅游的建设，但目标其实并不相同。

2. 盲目跟风建设，与当地经济发展水平不符

智慧旅游的发展建设需要一定的经济实力和技术实力做支撑。智慧旅游是旅游业发展的高级阶段，假若不根据当地的实际水平建设智慧旅游，一旦失误不仅不利于智慧旅游的建设，反而会引起游客的反感，对传统的旅游业也造成影响。而目前存在的问题就是各地跟风炒作嫌疑颇为浓厚，与当地的经济发展水平不匹配。大部分地区将建设智慧旅游视为政绩工程，只注重短期的效应，因此会造成国家资源的浪费和人民财产的损失。

3. 管理水平欠缺，评价等体系不健全

由于智慧旅游还处于起步阶段，我国目前还未成立相应的政府部门或是专门的行业机构对智慧旅游进行管理和服务。所以我国缺少关于智慧旅游管理的统一规定，管理水平普遍不高，缺少智慧旅游的准入机制与评价标准。智慧旅游的研究和建设不是单一行业的问题，它涉及与传统旅游相关的诸如旅行社、旅游交通、旅游景区、旅游住宿、旅游购物、旅游表演、旅游休闲娱乐以及旅

游目的地等方面内容；同时也要与电信、交通、广电、金融、文化、医疗、安全、卫生等部门沟通；而把这些行业门类串联起来的就是现代化的科学技术以及开发的各种服务性设备设施，如智慧旅游的终端系统、随时随地无线上网、专业的智慧旅游网站、手机程序等；还有支付平台、定位导航、虚拟的旅游服务系统等。很显然这需要各行各业的相互配合，制定统一的标准和评价体系，提高管理水平，做好智慧旅游。

（二）智慧旅游发展的内部技术性威胁因素

1. 感知层面存在的安全隐患

智慧旅游感知层的任务主要是完成信息采集、转换等工作，并且执行相关的命令。智慧旅游的感知层面包括传感器件如读写器、摄像头、GPS 和各种终端，另外还包括控制器件。传感器件将收集的各种信息通过网络发送到控制器件。感知层若要传输，势必要接入网络，这会很容易受到其他网络的攻击。感知层面受到网络攻击有如下几种：感知节点所感知的信息被非法途径所获取；感知层的关键节点被非法控制，完全丧失安全性；感知层的普通节点被非法控制；感知层的节点信息暴露，遭受攻击等。

2. 网络层面存在的安全隐患

智慧旅游的网络层面主要承担将感知层获取的信息传输给处理中心和用户的功能，包括核心网和各种接入网络两部分。智慧旅游的网络安全与互联网的网络安全程度类似，网络环境存在很大的安全隐患。其中包括网络的非法接入、蓄意破坏，假冒攻击和中间人攻击，信息的窃取和篡改等。

3. 应用层面存在的安全隐患

应用层是智慧旅游各层面中主要负责分析、处理与决策任务的层面，该层面负责完成信息到知识的转化、信息的处理和问题的解决，完成相应的智能化应用等任务。应用层包括业务支撑系统、管理系统、云计算、中间件等应用公共平台，以及相应通过这些公共平台建立起来的应用系统。应用层最主要的特征就是智能，其可以方便快捷地处理海量的数据信息。但需要注意的是，所谓的智能化也只是根据人为设置的规则而进行的一系列操作，因此就应用层而言，其威胁因素也是无处不在。如人为非法手段的干涉；移动设备的丢失；自动变为失控；智能变为低能和大量的终端数据难以识别、处理等。

二、智慧旅游安全保障管理系统

旅游业的快速发展离不开安全的旅游环境，旅游安全管理是旅游业得以蓬勃发展的保障，良好的旅游安全环境有助于提高旅游业的竞争力，有助于旅游业的可持续发展。智慧旅游安全保障管理系统能有效保障旅游目的地的安全，通过与各种信息技术相结合，使得游客和管理者可以及时了解当地情况，针对各种意外和危险事件及时作出反应。智慧旅游目的地行政管理部门应当通过提高旅游安全预警的科学性、加强监管人员的安全意识、推动社会救援系统化建设、构建完善的安全管理保障体系等方式，促进智慧旅游目的地旅游业健康、有序、安全地发展。

（一）旅游安全预警系统

旅游安全预警系统担负着旅游安全信息的搜集、分析、制定对策和信息发布等功能，是国家发布旅游安全信息、进行旅游安全预控的组织机构。旅游目的地旅游安全预警系统的主要功能是向旅游企业、游客等相关旅游主体发布目的地旅游安全信息，以维护旅游企业和游客的利益。旅游安全预警系统的职能包括旅游安全信息的搜集，旅游安全信息的分析、旅游安全对策的制定和旅游安全信息的发布等四个方面。

构建预警指标体系是为了使信息条理化和定量化，是开展识别、控制和判断预警系统活动的前提。基于旅游环境的复杂性和动态性，国内外对旅游环境承载力的指标没有做统一的界定。下文从自然环境承载力、经济环境承载力和社会环境承载力三个方面构建指标体系。

（1）自然资源是生态旅游的物质基础，也是开展生态旅游的基础条件。自然环境承载力是评估生态系统是否受到破坏的量化指标。自然资源承载力选取土地资源面积、水体面积、旅游气候舒适期、大气综合污染指数、水质达标率和植被覆盖率等内容。水体面积是指旅游区水体占总土地面积的比例。旅游气候舒适期是指一年中气候条件舒适、适合开展户外活动的天数。例如，西藏地势高，游客容易因缺氧而感到不适，雨雪天气也会严重影响交通道路的通畅。大气综合污染指数是指旅游景区大气污染的程度，通常采用全年空气质量良好的天数占全年天数的比例进行量化考核。水质达标率是指旅游景区水质是否符合国家达标的标准。植被覆盖率是指植被在地面的投影面积占所在地区总面积的百分比等。

（2）经济环境承载力是指基础设施对旅游活动的承载能力，包括住宿接待能力、污水处理能力、餐饮服务能力和垃圾处理能力。住宿接待能力是指旅游景区接待游客住宿的能力，包括宾馆的数量、装修设施、床位容量等。餐饮服务能力是指旅游景区接待游客餐饮能力的指标，包括景区饭店数量、服务人员数量、饮食卫生情况等。污水处理能力是指旅游地区对游客产生污水的处理能力，用处理的污水占污水总量的比例来表示。垃圾处理能力是指旅游景区对游客产生的废弃物的处理能力，用实际处理的固体垃圾占总固体垃圾的比例来表示。

（3）社会环境承载力是指旅游景区居民与游客之间传统习俗、宗教信仰、生活习惯等差异及居民对游客的旅游活动所能承受的范围，包括景区文化保存程度、居民受教育程度和游客受教育程度等。①

（二）旅游安全控制系统

旅游安全控制系统是指智慧旅游目的地旅游行政管理部门在对旅游企业的安全指标进行控制与监管的同时，促进形成包括旅游企业自我安全控制系统在内的旅游行政管理部门、旅游企业、游客等安全主体的安全互控系统。因此，旅游行政主管部门对旅游企业的安全指标控制与监管、旅游企业的自我安全控制和旅游行政主管部门、旅游企业、游客等安全主体的安全互控构成了旅游安全控制系统的子系统。

旅游安全指标控制系统由一系列数字指标构成；旅游安全自控系统是旅游企业以安全运营为目标所设置的自我安全防控管理系统；旅游安全互控系统由旅游管理机构、安全机构、旅游企业、游客及其他组织构成。因此，整个安全控制系统的工作需要层层落实，兼有相互监督反馈控制作用。第一，建立完善的安全管理机构。旅游企业应建立从上至下的完善安全管理机构。企业应把安全管理目标层层分解，落实到每个部门、岗位，使各部门、岗位都能根据工作划分承担相应的安全责任。第二，制定严格的安全操作规则。旅游企业应针对自身运营和操作程序的安全设计，将安全保障措施融入企业经营和操作的程序中，以减少旅游安全隐患，实现旅游企业的安全化。第三，建立高效的安全激励制度。旅游企业的安全激励需要针对员工需求采取不同的激励方式，使员工更为主动积极地安全工作。第四，实施有效的安全监控制度。旅游企业需要建立系统的员工工作记录制度、安全事故报告条例、安全自查制度等，以实现对员工安全行为进行客观而公正的评价，达到有效监控的目的。第五，加强旅游安全知识培训。培训目标主体包括旅游从业人员.旅游地社区居民及游客等群体。

（三）旅游安全救援系统

智慧旅游目的地的旅游安全救援系统是指为实施旅游救援而建立，涉及与旅游安全各相关层面的组织机构和包括旅游救援的分工、协作的工作体系。智

---

① 张燕华，王娜. 西藏旅游生态安全预警系统研究［J］. 全国流通经济，2019（15）.

慧旅游管理平台通过将救援核心机构、救援机构、外围机构等进行整合管控，形成旅游救援中心、医院、公安、消防、通信、交通等多部门参与的联动系统。智慧旅游管理平台的建设可以为旅游救援指挥中心提供及时有效的旅游应急事件信息数据。在智慧化管理的基础上，通过地理信息位置服务技术、视频信息分析技术等，利用目的地全球定位体系、监控体系、LED 显示体系所提供的集成信息，高效、快速地进行决策指挥并展开旅游救援活动。

1. 旅游安全救援系统结构设计

（1）旅游安全救援服务系统接入结构

以移动互联为基础的旅游安全救援服务系统通过互联网技术以及相关的智能感知技术来对游客的地理位置进行追踪定位，高效地开展旅游事故救援，为相关的系统人员提供救援信息。游客要想进入安全救援系统，就必须通过移动客户端登录旅游安全救援服务系统，在登录之后需要验证个人身份，认真阅读系统中提供的服务条款后，选择并确认自己所需要的服务项目。①

（2）旅游安全救援服务系统应用结构

旅游安全救援服务系统可以提供地图导航、资源分享、查询定位、施救分析等等多个方面的应用内容，通过旅游安全救援服务系统支撑技术实现游客的不同需要，进而有针对性地给各种游客提供特定服务。该系统的两大主要支撑技术分别是移动互联以及安全施救，这两种技术方便实现游客之间的资源共享、游客登录管理以及为不同游客提供特定的设计方案，满足游客不同层次的需求，促进旅游安全救援服务系统的升级与发展。

（3）基础结构以及资源分享结构

旅游安全救援服务系统除了需要强大的应用结构支撑以外，还需要基础结构技术支持。无线网络通信平台、互联网的使用环境以及相应一些软硬件设施共同组成了旅游安全救援服务系统的基础结构，对于保障整个系统的顺利运行以及平稳发展起到了积极的推动作用。而这些基础结构功能的实现主要来自资源分享结构提供的远程监控数据、游客地理位置定位信息以及音频、动画等媒体元素，通过对地理信息智能化的储存以及筛选，并将其反馈给应用支撑系统，最后由应用结构执行命令展开救援。

2. 旅游安全救援服务系统的功能设计

（1）系统导航和地理定位

随着地理信息技术水平的发展，以及移动互联网技术的不断提高，旅游地理位置信息的表现也越来越直观，专业水平也越来越高。通过遥感技术对其进

---

① 于翠媛. 基于移动互联的旅游安全救援服务系统设计初探 [J]. 南方农机，2015（6）.

行更深一步地数据处理，能够高效实现地图与直观之间的自然转变，利用各式各样的云端服务，通过手机移动设备以及其他的车载服务系统联网对游客进行道路导航，使得游客能清晰获得前方道路的相关信息，并且配备一键呼叫的功能，对安全事故进行预警和报警。

（2）事故预警和移动定位

旅游安全救援服务系统不是在旅游安全事故产生之后才采取相应的报警和施救措施，而是贯穿游客的整个旅游过程，是服务于旅游整个安全过程的系统。系统能够根据定位系统的回馈数据对相关的地理位置进行分析，然后对可能产生事故的地段进行预警，警醒游客，进而提高游客的安全意识。以移动互联为基础的旅游安全救援服务系统能够对事故进行预警，并且在事故发生后为用户提供相关的救援建议，使得用户能提前对安全事故进行预防，或者在事故发生后及时采取自救措施，减少事故产生的危害。

（3）信息资源共享和增强现实

微博、腾讯空间和微信等是游客实现资源共享的主要信息平台。许多游客在旅游的过程中喜欢拍摄风景照片，然后以一些短小精简的文字对其进行描述并分享到朋友圈中，这样一来能够为其他游客的旅途参考提供依据，也可以避免一些不必要事故的发生，另外还可以为事故发生后的救援工作提供更加确切的地理定位，缩短实际救援时间。游客如果在旅游过程中遇到需要求助的事件，只需要打开随身携带的移动设备，查询附近的救援中心，便可以互联网上得知救援中心的具体地理位置信息，增添救援的现实感，实现旅游安全救援服务系统的工作效率，使救援真正对游客的需要做到有求必应。

三、智慧旅游安全预警机制的建立

信息体系的完善和智慧旅游的建设有助于旅游目的地实现旅游安全预警和应急管理目标。智慧旅游信息系统建设不同于单一部门的信息系统，必须以系统的规划理念站在全局的高度思考问题，通过对各领域的业务架构进行交互分析，构建智慧旅游生态系统的涉及组织部门，以及各行业解决方案之间的关系清单，并提取出系统共同依赖的共享服务，为后续的业务流程设计、IT基础架构和智慧解决方案建设的统筹和集约打下良好的基础。旅游安全管理系统是智慧旅游系统的一部分，旅游安全预警信息中心是旅游安全管理系统的组成部分。

（一）确定预警指标，分析与旅游部门相交互的部门

完成部门之间信息的调用，就必须先梳理旅游部门、城市相关部门和游客

市民之间的业务流程、数据流向和服务调用的关系，这些业务流程和信息资源跨越部门和行业边界，是以往各部门独立建设信息系统时无法顾及的部分。旅游部门的安全信息涉及面广，存在一些特定的要求。因此，需要根据预警指标体系明确业务的交互部门和信息。

（二）在政府协调下，获取指标体系中某些信息的授权

旅游部门所需要的各部门安全信息有些是不予开放的信息，有些属于旅游部门的定制信息，因此需要县级以上政府进行事先协调，并就旅游部门获取相应信息进行授权，必要时还要签订保密协议。

（三）在实际运作中，不断进行调整和修正

旅游环境、旅游产品和游客消费方式的变化决定了旅游安全风险也在不断变化。根据每年旅游安全事故的发生状况和城市旅游危险源的识别状况，需要对城市旅游预警的指标进行评估，必要时进行相应调整或者修正。旅游部门需将调整和修正的情况及时通报相关专业部门，使系统可以及时更新和获取数据支持。

（四）与专业部门专家相协商，征求专业部门的意见

旅游安全的风险来自于各个领域和部门，旅游部门在确定阈值的时候要听取专业部门的建议。在是否发布预警或确定预警等级时，不但要有定量的分析，也要听取专家的经验分析，以免因过度预警而造成恐慌或者损失。

（五）根据预警信息受众不同，多渠道，多方式发布信息

确定预警级别和信息后，根据预警信息的受众不同，通过正式而多样的官方渠道发布信息。可以在各级预警信息发布中心、旅游部门官网和官方微信进行发布，也可以通过其他相应媒体和移动终端发布信息，对旅游企事业单位的预警还可以采用公文的形式。在公共官方渠道发布时，要选择比较醒目的位置，引起信息接收者的注意。

第四节　智慧旅游管理平台构建

一、智慧旅游体验平台的功能设计

根据智慧旅游体验平台功能和使用对象的不同，平台的实际应用和管理层可以划分为 5 个模块：

（一）目的地智慧营销模块

目的地智慧营销模块包括：（1）智慧旅游景点导览系统。它能够全面展示旅游景点的著名地标性建筑，并且采取三维动画虚拟导览、视频选播、景点影像展示等手段，构建智慧旅游的信息系统，提升游客的审美体验和感官体验。（2）智慧旅游体验分享系统。游客通过智慧旅游分享系统，可以在微信朋友圈、微博、腾讯等社交平台发表自己的旅游体验感受，利用信息技术手段分享旅游攻略、游记，并对相关景点做出评价和推荐。（3）智慧旅游行程规划系统。该系统根据游客的基本审美体验偏好（时间、预算、特殊爱好等）搜索各种数据资源，为游客智能规划旅游线路及其他个性化服务，以多媒体的形式供游客查看或局部调整，并提供智能下单预订服务。基于物联网、移动互联网等信息系统将订单的内容分类发至各个相关服务企业，使游客感受到更加快捷、安全的预订和支付新体验。

（二）智慧导游模块

智慧导游模块包括：（1）智慧旅游导航及信息反馈系统。能够随时更新最详细的旅游目的地地图及旅游路线规划与导航信息，通过游客手持的智慧旅游导航设备或基于智能手机、IPAD 的智能旅游 App 等为游客提供实时导航信息，并向系统反馈游客的体验状况。另外，游客可以根据自己的喜好进行旅游线路的 DIY 设计。（2）智慧旅游信息系统。在信息技术对智慧旅游的支撑下，通过采集信息资源、分类管理数据信息、对所需数据进行运算、分析运算结果、得出改进智慧旅游策略等方式对旅游信息数据进行管理，为游客提供各种即时、多变的信息。

（三）智慧旅游交易结算模块

旅游服务企业通过现实支付和虚拟支付等形式在智慧旅游交易结算模块中实现交易结算。该模块包括游客向旅游服务企业进行支付、旅游企业与旅游企业之间的交易结算以及旅游服务企业与基于信息技术等高技术企业进行的交易结算。（1）发卡充值点。在智慧旅游景点的重要交通节点、旅游服务站点及酒店、超市等配备发卡和充值设备，游客到达后就可以便捷领取卡片并进行充值消费。（2）智慧旅游服务终端系统。基于物联网、移动互联网等信息技术的应用，目的地景点、服务类场所、交通工具、娱乐设施等都可以通过游客所持的卡片或移动设备的虚拟卡片进行身份确认，实现支付和结算，并提供消费记录及账单的查询功能。①

（四）智慧旅游景区模块

智慧旅游景区模块包括：（1）以计算机技术为核心、以信息技术为支撑的旅游景区售票、检票系统，它能够智能化地对系统实施综合管理。（2）智慧旅游管理系统，该系统能够运用信息技术，监测和控制旅游景点的人流量，定位和追踪景点内的来往车辆，对突发事件进行预测和回溯以及做好旅游景点建筑或文物的日常保护监管等工作。（3）紧急救援系统。该系统通过定位功能，能够准确定位突发事件的位置，并由系统自动生成最优化的救援或处理方案，使官方可以及时调配人员进行救援。（4）信息传输系统。该系统能够在遇到特殊事件或灾难时通过信息技术手段向旅游景点内的信息通告牌和手持智慧旅游设备甚至感知监测的游客移动设备发送信息。（5）旅游景点环境监控系统。该系统通过高科技感知手段，对旅游景点的空气质量、水土质量、地质环境等进行在线监测，并通过相关数据建立和完善资源数据库，在分析和整理运算之后监测和防御灾害的发生，为旅游景区的保护和开发提供重要依据。

（五）智慧行业模块

智慧旅游行业模块包括：（1）智慧旅游综合交易信息体系。该体系能够针对旅游交易过程及旅游部门所需的数据进行统计和分析，按月、按季度和年度生成报表。（2）游客构成和游客行为。通过旅游行业模块所提供的平台，分析丰富的游客构成与游客出行喜好，得出基于游客构成与游客行为的报告，作为支撑旅游管理部门做出重要决策的依据。（3）旅游服务改进体系。该系

---

① 岳婧雅. 基于信息技术的智慧旅游体验平台搭建与管理创新模式研究 [J]. 管理现代化, 2017 (2).

统根据旅游企业的旅游交易信息和交易行为，为旅游企业的服务质量进行考评与排名，通过信息技术手段智能挖掘旅游景点存在的不足，并从游客实际需求出发，合理调配旅游资源，改进智慧旅游的综合服务水平。

二、智慧旅游信息管理问题

（一）旅游信息的真实有效性问题

旅游消费者在参与智慧旅游活动中，习惯通过网络平台购买相关旅游产品和服务，其一般是根据网络平台所描述的产品或服务介绍，例如文字、图片、影像判断产品和服务的相关属性，但这些往往无法深入或真实了解产品和服务本身属性，且这些传播的信息是否符合产品和服务的真实情况常常难以考证。比如，部分景区安排酒店食宿、交通送行等服务时游客满意度较低，有可能是由于消费者被网络宣传中存在的虚假宣传和不实信息所诱骗和误导，线上和线下的营销模式存在脱节现象。此外，消费者在完成旅游消费后，由于各种原因也可能出现满意度评价与旅游产品服务实际不相符的情况，而网上评论对其他消费者又有重要的参考价值，会影响未来潜在旅游消费者的正确判断。所以，智慧旅游企业必须及时处理与实际情况不符的网络点评，将负面影响降到最低。

（二）参与者的信息安全性问题

智慧旅游发展的数据收集及数据分析基本依赖网络和设备平台，这其中可能涉及敏感的个人隐私信息及企业商业信息，例如，游客的个人身份信息、旅游偏好、各类证件号、相关旅游关联企业的不公开信息等重要内容，且信息资源处于高度集中存储状态。数据信息在存储、传递和应用中，极有可能会出现被盗取、盗用的风险。如果用户的隐私信息被盗用，就会出现不法分子冒充合法用户参与经济活动的情况，用户的权益被损害，将给真实身份的旅游消费者带来经济损失和精神伤害；如果企业不公开信息甚至会造成商业机密也被非法获取，被非法分子利用牟取私利，也会给相关旅游企业带来资金损失和经营风险。

（三）网络客户端的管理问题

旅游行业的发展程度与范围与消费者需求满意度关系紧密，不同消费者有着不同的消费需求，网络客户端类型的消费者偏好也不尽相同，个性化的旅游定制服务推动了智慧旅游的发展。因此，智慧旅游客户端的研发要做好消费者市场细分工作，充分利用大数据加强市场研判分析，既要满足大部分消费者的旅游需求，同时也要关注一部分消费者的个性化需求，尽可能设计出产品多样、选择面广、功能完备并且满足消费者兴趣与使用习惯的客户端。但也应当注意，在无法满足少部分消费者的个性化需求时，个别旅游企业会利用客户端实施不良甚至是违法商业行为，看似是针对小众旅游消费者偏好设计的方案，实际上是完全以盈利为目标的欺诈行为，忽视了提供给消费者产品和服务的质量问题，例如某些终端平台不合理地加价销售、捆绑销售等。

三、智慧旅游服务平台的搭建与管理

（一）资源平台

搭建准确、共享、动态的数据库基础平台，有利于科学合理地整合各类数据资源，以统一的设计标准建立旅游资源数据库，向游客提供及时准确的旅游信息。智慧旅游资源平台的搭建将有助于实现全新的信息集成管理：一是有效反馈、处理、收集信息，改变监管旅游行业的方式方法；二是全面整合、收集、提炼游客个人的需求和公共信息，预先细分信息，使处理信息的质量大大提高，做好前期规划分析工作；三是提高旅游信息和旅游资源的组织性、实效性、准确性，为信息资源的共享奠定良好的基础，使智慧旅游的整体实力得以大幅度提升。

（二）云平台

云端的重要组成部分是云计算平台，简称为云平台，其主要作用就是应用程序的构建，重要程度显而易见。智慧旅游的平台内部主要包括旅游统计云、美食专业云、旅游安全云、景区天气云、精品线路云等内容。通过对旅游专业机构资源及相关业务的整合，精确化的共享和分析资源平台所获得的数据信息，从而使数据的有效性和科学性大大提高，既实现了为旅游管理者提供决策依据的目标，同时也满足了游客的个性化服务需求。

（三）应用平台

智慧旅游的平台包括旅游使用的客户平台、旅游机构使用的管理平台，甚至各种平板电脑、智能手机都可以成为智慧旅游的智能终端设备，信息在经过智能处理之后将转化为优质服务和管理决策。从云平台智能整合和处理之后的数据已经成为高质量的有效科学信息。因此，任何旅游组织机构都可以经营智慧旅游应用平台，不仅可以将旅游公共信息服务提供给政府部门，而且景点商

家、旅游企业也可以充分利用该平台。例如，通过智能机的管理端，景区管理人员可以有效监控景区内的人员安全、基础设施、环境等情况，从而及时发现问题，解决问题；通过智慧旅游客户端，游客可以即时预订或搜索查询各种自己想知道的信息，也可以通过智能导游来收听景点介绍，此外还可以上传自己所处的安全、交通等情况，实现游客获得帮助的即时性。

四、智慧旅游管理平台的应用实践

（一）昆明市构建智慧旅游管理平台

昆明市智慧旅游以智慧的旅游规划为基础，以智慧旅游公共服务和管理为核心，以云计算、物联网等新一代信息技术为重要支撑，围绕政府部门、旅游企业、游客、旅游目的地居民、旅游相关行业这几类服务对象，建立完善的智慧旅游感知体系，建设昆明旅游信息云数据中心，搭建昆明市智慧旅游云计算平台及云计算应用支撑平台，建立"旅游行业管理平台应用""旅游公共服务平台应用"和"旅游决策支持平台应用"，通过旅游行业门户、旅游公共服务门户和手机 WAP 门户，整合两大平台各子系统资源为多个服务对象提供多种信息的服务方式。昆明市智慧旅游平台应用层可视为云计算平台中的软件服务层，主要包含旅游行业管理体系旅游公共服务体系、旅游决策支持体系等内容。

（二）南京市构建智慧旅游管理平台

南京智慧旅游中央管理平台是在统一规划南京市 GIS 数据库及旅游资源数据库的基础上，搭建面向旅游行政管理部门的智慧旅游中央管理平台，其主要功能是反映各主要景区实时画面、车船人流等动态信息，便于管理部门准确、直观地了解整体运行状况，及时发现和处理各种问题，为政府管理部门提供旅游基础数据，使其能够调控、疏导旅客流量，更好地建立旅游企业服务标准，提高旅游业的服务质量、能力和水平；分析游客的喜好、消费等信息，提升商务旅游的质量和服务，促进整个旅游业整体服务能力的发展。

（三）海南省乡村旅游智慧管理平台建设

目前，政府为解决海南省在旅游业中存在的问题，不断强化各部门之间的合作，促进各个规模旅游企业数据的采集和共享，创新全域旅游信息服务，迎合日益增长的市场需求，实现对旅游市场现代化运营和精细化管理，确保大数据为全域旅游的发展提供保障和支撑。

　　信息化发展水平与我国的国内游市场和出境游市场存在正向线性关系，信息化对国内旅游市场影响迅速，但持续性较弱，周期在一两年左右。作为全域智慧旅游平台的一部分，海南省乡村旅游智慧管理平台可以对景区累计饱和度、客流量和实时饱和度进行大数据采集和分析，通过各部门资源整合联动，实现在线提供实时的"食、住、行、游、娱、购"等便捷的乡村旅游服务信息数据。[①] 但现阶段此平台建设仍存在一些不足，首先是景区的智能化建设缓慢，一些乡村旅游景点未能在相应的游览区进行无线网全覆盖，说明海南省乡村旅游基础设施建设还有待完善。其次是线下与线上对接不严密，中小旅游商户由于自身原因的限制，在平台使用方面需要一定的推广期和适应期，从而导致乡村旅游的产业链存在断点。最后是海南省在人工智能领域存在较大的空白，导致在推进全域乡村旅游发展的过程中景区智能化成为短板，降低了游客对于智慧管理平台的体验感。

　　随着大众旅游时代的到来，人们对旅游品质、旅游创新提出了更高的要求。当前，消费面的市场主体经历持续回调已经基本稳定，总体处于"大基数、低消费、稳增长"。海南省作为一个旅游大省，在创建全域旅游示范省的过程中，势必要通过建立健全全省旅游智慧平台，推动主体创新，不断提升服务品质。

---

　　① 谢会娟，王举，王忠. 海南省乡村旅游智慧管理平台建设研究［J］. 乡村科技，2018（2）.

第五章 智慧旅游服务

智慧旅游通过"互联网+"、大数据、云计算、物联网等新技术，实现了旅游资源及社会资源的共享与有效利用，提供了个性化、智能化、便捷化、安全化的旅游服务。

第一节 智慧旅游信息服务

一、旅游信息服务

旅游信息需求贯穿旅游需求的全过程。游客旅游消费的投入和旅游消费的满意度与旅游信息供应的总量和方式紧密关联。目前，发达国家和地区的旅游信息服务已经相当完善。旅游信息服务可以分为以下几个方面的内容。

（一）电子、网络信息服务

信息化是 21 世纪旅游业的趋势，旅游网站的建设、经营方式的网络化和电子化为游客的出游提供了巨大便利。

在旅游电子业务运作和信息服务领域，英国是走在世界前列的，其旅游系统有着非常完善的电子化政务公开和旅游信息服务功能。从 2005 年 4 月开始，游客就已经可以在线查询英国境内旅游产品和价格，通过目的地管理或国家服务提供系统预订旅游产品，这标志着英国电子旅游网络的形成。英国的旅游网站还会提供完善的旅游宣传品递送服务，如打开伍斯特郡的旅游网站，游客只需要填写首页"宣传册请求"栏中的一份电子表格，网上发送后就会收到相关地方寄来的宣传册。

（二）旅游信息咨询中心

旅游业发达的国家，旅游信息咨询中心是最典型的为公众和游客提供服务的公共机构，已成为游客获取当地旅游信息的首要选择。

例如，美国绝大多数的旅游咨询服务中心位于游客集中的地区，其提供了极为丰富的服务项目。旅游信息服务包括旅馆、文化、餐饮、购物、观光、盛大活动、精彩赛事以及交通等方面的信息，具有资质的信息专家能够提供十余种语言的信息咨询服务。服务中心也同时提供 24 小时多种语言的电话咨询服务，并根据每个月的特殊盛事、体育赛事和文化活动更新咨询服务中心的电视节目。值得一提的是，大多数咨询服务中心会为残障人士提供专门的信息咨询服务。此外，咨询服务中心还为游客提供其他多种综合服务，主要包括预订旅馆、娱乐订票服务；出售纪念品、地铁票、电话卡，出租相机；发送电子明信片，获取免费的打折券；停车服务、休息室、话吧、自动提款机、酒吧、公共休闲中心。①

（三）旅游宣传图卡

旅游宣传图卡是旅游信息服务中传递信息最多的促销手段，是促使游客做出消费决定的最重要的因素。

例如，在澳大利亚，旅游宣传卡片由旅游经营机构、旅游管理机构、旅游行业协会等免费向游客提供。这些内容翔实、设计精美的宣传卡片"无处不在"地被放置或陈列在火车、汽车、飞机座位背后的读物袋中，机场和车站的出港通道、出站通道里唾手可得而又不妨碍游客通行的地方，游客下榻的宾馆、酒店、旅社门厅醒目的陈列架上，以及旅行社营业部的杂志架上。

对于我国的智慧旅游来说，尽管互联网有了很大的发展和普及，传播旅游资讯的媒介方式和数量大大增加，拓宽了人们获取旅游信息的渠道，但其提供的内容却尚未满足游客的实际需要。例如，目前网上的旅游信息大多是对景点的简单介绍、旅游线路和产品推广、票务预订以及一些自助游记；自助旅游书籍也多以手记为主，提供的旅游信息不够全面，自助游客所关心的、对他们设计新线路来说非常重要的信息和具有互动性的在线咨询也基本空白。

二、优化智慧旅游信息服务的策略

我国的智慧旅游信息服务还有待拓展和完善，旅游信息服务还远远不能满足游客的实际需要。因而，旅游单位应当采取的有效措施优化智慧旅游信息服务。

---

① 《文化旅游管理创新与产业发展实务》编委会. 文化旅游管理创新与产业发展实务 第 2 册 [M]. 北京：光明日报出版社，2021：756.

（一）合理规划信息建设，秉持正确的认知理念

为避免旅游公司因认知理念不清而导致的种种发展问题，在开始优化现代信息服务、完备信息化建设前，旅游公司应充分认识智慧旅游与现代信息服务的内涵实质，在建设计划开始前就提前解决"什么是""意义在""怎么办"的关键环节，对优化现代信息服务机制有一个大致的战略布局，形成科学合理的优化思路，按部就班、脚踏实地地进行信息化服务建设。具体而言，为保障信息建设工作的顺利进行，旅游公司要与相关的技术人员进行有效的沟通交流，这样才能将公司的经营理念融入信息服务产品的开发中，形成独特的企业特色，增强旅游公司在现代信息服务方面的竞争力。

（二）完善配套的基础设施，坚持系统思维

智慧旅游建设并不是简单地将旅游业和信息科技相融合，还需要现代技术的支持，形成系统的旅游思维，在传统旅游业的基础上进行改革，促进相关景区的发展，提高旅游区的水平和质量，构建核心竞争力。①

首先，旅游公司要引入成功建设景区的案例，借鉴其优点，提高自身工作开展的效率。其次，建立科学的评价指数、指标，完善智慧旅游的系统建设，便于后续工作的开展。除此之外，还要注意在建设过程中保证游客的自身安全，以便旅游景区的健康成长。

（三）加大投入资金力度，拓宽应用渠道

在智慧旅游背景下，优化旅游信息服务的途径是一项艰巨的任务，离不开相关硬件设施的建设与开发。因此，旅游公司要想做到与时俱进，提高服务的质量和水平，就要加大相应的资金和人力投入力度，通过建设完备的物质保障，拓宽信息服务的应用渠道，促进旅游信息服务的全面化、综合化。

智慧旅游服务信息系统应当能够使游客在游览过程中随时捕捉动态变化的旅游信息，全面了解目的地信息，并通过良好的信息反馈系统，感受到现代旅游信息服务带来的全新体验。

三、智慧旅游信息服务系统的构建

旅游信息服务系统，以游客为中心，根据游客对旅游目的地各要素信息的

---

① 邱竹青. 智慧旅游背景下现代旅游信息服务的优化途径构建［J］. 黑河学院学报，2018，9（2）：83—84.

需求，从旅游前、中、后时段将旅游信息推送给游客，包括游前的旅游信息汇总、游中的精准服务、游后的经验分享等。面向游客的智慧旅游信息服务系统主要包括旅游信息系统、旅游信息咨询系统及旅游信息指示系统三大方面。

（一）旅游信息系统

旅游信息服务系统主要包括在线信息门户网站和新型媒体公共服务平台两部分，按照统一标准采集旅游信息，并按类别集中存储在旅游信息基础数据平台，在以上平台发布，以实现旅游信息的公共服务功能，为游客的出游提供决策依据和相关注意事项。

1. 在线旅游信息门户网站

城市旅游信息网内容在线媒体门户主要包括旅游官方网站、手机 WAP 官方网站、专业旅游网、旅游资讯网、旅游点评网、旅游贴吧等与旅游相关的论坛、智慧旅游门户网等。根据网站建设现状分工，分散的专业网站各有侧重地发展，资源共享，介绍目的地旅游现状，发布城市概况、景区景点、主题线路、城市人文、食住行游购娱指南、咨询服务、出行指南、旅游工具箱、旅游投诉、在线咨询等旅游相关的信息，通过图像、视频等动态画面展现城市资源特色和吸引力，并与游客形成有效互动，更专业地为游客提供全面、精确、时效性强的旅游信息。

2. 新型媒体公共服务平台

新型媒体公共服务平台主要包括微博、微信、App 智能终端应用等。当前游客的出游越来越愿意征求亲朋好友的意见，正面积极的口碑传播有助于增强游客的信任感和品牌亲和力。新型媒体公共服务平台为旅游目的地和游客提供一对一的交流互动平台，此平台可以分享目的地各旅游要素的实时信息、图片、活动信息、饮食特色、人文风情、旅游攻略、游客评价等内容，举办抽奖活动等互动项目，不断提升目的地旅游形象，拉近与游客的距离。

（二）旅游信息咨询系统

旅游信息咨询系统是游客到达目的地后使用最多的一项服务和首选服务，也是旅游公共信息系统中的基础系统。该系统包括旅游服务咨询热线（可提供多种语言）、旅游咨询服务中心（多种语言）、触摸屏自助咨询服务、智慧旅游体验中心等。这些咨询中心、咨询点应当以网络状遍布目的地各个角落，让游客在需要帮助的时候随时能够找到想要的咨询场所。

1. 旅游咨询服务热线

政府可以协同各景区建立覆盖全市的旅游咨询服务热线，为游客提供景区介绍、旅游交通咨询、指路服务、旅游线路介绍、旅游商品推介、酒店机票预订、餐饮预订、旅游紧急救援、旅游企业信息介绍等全方位的旅游服务，实现"一号呼人"，各地协同答复，提供游前咨询顾问、游中实时帮助、游后投诉受理等信息服务。

此外，各市的 12345 政务服务便民热线可以统一接听旅游投诉等电话，并能够尽快将投诉信息转发到所属地旅游质检执法机构，大大提升了各地旅游投诉的便捷性和处理效率。

2. 旅游咨询服务中心

政府可以在重要交通枢纽（火车站、飞机场、汽车站）、热点景区、商业中心设置大型的旅游咨询服务中心，借助 4D 影院、电子沙盘、虚拟现实、3D 动画、电子导览等新技术展示当地特色。

政府可以在其他交通枢纽、景区、广场、公园等人员密集处适当设置小型旅游咨询服务点，在各点配备电脑，适当配置工作人员，提供旅游信息咨询、旅游相关预订代购、游客投诉接待、免费的旅游资料发放、旅游紧急救援服务、品质商家推荐、公益服务以及其他商业增值服务，打造全面的旅游咨询管理体系，为游客出行提供准确、及时的旅游信息。

3. 触摸屏自助咨询服务

在旅游集散中心、景区、酒店大堂、机场、车站、广场、商业中心等公共场所，设置旅游信息查询触摸屏，以文字、图片、音像、视频、三维电子地图等多种形式，24 小时为游客提供全方位的资讯；内置信息主要涉及城市"食、住、行、游、购、娱"相关的旅游信息，常用电话、天气预报、咨询点查询、银行分布等公共信息，提供游客投诉、旅游调查等信息反馈和政府信息，支持远程浏览与控制，实现系统各部分内容的实时更新与发布。

4. 智慧旅游体验中心

将智慧体验与游客咨询中心功能结合在一起，建设的城市智慧旅游体验中心，以服务智慧旅游为目的，成为智慧旅游的统筹管理核心，加强游客与景点之间的枢纽和联系，整合城市与人文历史、地方文化、民俗风情、历史遗迹、非物质文化遗产、旅游产品等旅游资源，运用高科技手段，围绕旅游行业打造具有核心竞争力的智能化服务项目，如旅游信息发布平台、当地旅游资源宣传平台、美食和特产展示和预订平台、目的地城市虚拟旅游体验平台、互动旅游体验平台等。

城市智慧旅游体验中心集旅游咨询服务、旅游交通集散、特色美食汇聚、休闲娱乐购物、旅游体验展示、智慧旅游应急管理等功能于一体，为游客提供更加智慧化的旅游信息获得途径、服务、旅游资源预先体验，成为国内外游客了解城市及旅游概况和精品景区的重要场所、城市形象展示的窗口和中心，增强城市旅游资源的吸引力。

（三）旅游信息指示系统

传统的旅游信息指示系统在我国使用较多的是指示牌和目的地的导览图，随着信息化的发展，旅游信息指示系统还包括智慧旅游信息主动推送服务系统、智慧旅游信息发布系统、智慧旅游标识系统。

1. 智慧旅游信息主动推送服务系统

旅游信息主动推送服务系统利用短信平台在游客进入旅游目的地后提供简单的欢迎信息，天气、交通等旅游资讯，相关客户端及应用程序的下载链接，实现快捷、智能、实时的旅游信息推送服务，提升游客对城市旅游的第一印象，体现目的地对游客的关怀和智慧服务意识。

2. 智慧旅游信息发布系统

政府可以在目的地集散中心、景区等场所建立 LED 电子显示屏、触摸查询机等，显示电子地图、景区人流量、天气、旅游资讯等内容，实时发布现状。游客前往景区目的地的过程中，旅游行程规划系统与云计算中心连接，时刻更新和发布景区客流量、路况、停车状况等实用信息，方便游客变更目的地的选择。

3. 智慧旅游标识系统

政府可以在游客服务中心、景区、酒店、商场、娱乐场所、交通枢纽和换乘中心等场所的显著位置，设置丰富的智慧旅游相关使用标识，如 Wi-Fi 标识、WLAN 标识、App 下载、二维码标识等，提示游客可以在该区域范围内使用相应的智慧旅游服务，方便游客获得及时的旅游资讯。

第二节　智慧旅游位置服务

一、旅游位置服务

基于位置的服务（Location Based Service，LBS），简称位置服务，是通过通信运营商的无线电通信网络或外部定位方式，获取移动终端用户的位置信息（地理坐标或大地坐标），在地理信息系统（Geographic Information System，GIS）平台的支持下，为用户提供相应服务的一种增值业务。

位置服务的坐标系包括 WGS-84 坐标系和中国国家测绘局的坐标加密（GCJ-02）。WGS-84 坐标系（World Geodetic System 1984），是为 GPS 全球定位系统使用而建立的坐标系统。中国国家测绘局的坐标加密（GCJ-02）是由中国国家测绘局制定的地理信息坐标系统，是一种对经纬度数据的加密算法，并加入了随机偏差。国内出版的各种地图系统（包括电子形式），必须至少采用 GCJ-02 对地理位置进行首次加密。

对移动位置服务的定义需要从"服务—位置服务—移动位置服务"逐层定义。服务是指对有效的请求做出的反应，是可以通过一个接口来访问的操作集合，它允许用户通过触发其行为来获得响应结果（ISO/TC211）。若服务的属性描述具有地理空间定位特性，而且按照地理空间属性标准来描述，则这样的服务被称为位置服务或地理信息服务。① 它们除具有服务的一般特征外，还具有地理空间定位的属性，可以基于地理空间属性描述进行查找，获取地理信息服务。移动位置服务是指为处于移动环境中的用户提供的空间信息服务。移动位置服务起源于 1996 年美国联邦通信委员会（Federal Communications Commission，FCC）颁布的规定，该规定要求无线移动运营部门给手机用户提供 E911（紧急求援）服务，以便能够定位呼叫者以提供用户及时救援。其后许多国家，如日本、法国、瑞典、芬兰、德国等，纷纷推出相关的移动位置服务。目前，世界许多国家都以法律的形式颁布了对移动位置服务的要求，如美国"US FCCE911"以法律的形式规定了运营商为 911 用户提供的定位服务精度标准，而欧盟也颁布法律，规定遵循"US FCC"标准。

二、智慧旅游位置服务的产业优势

（一）旅游位置信息的交互

第一，利用以 LBS 位置服务为技术支撑的智慧旅游系统能够使游客方便地获取相关信息，确定旅游行程，及时反馈旅游状态，获得所需的帮助；同时，可以反思旅游体验，帮助其他游客。当智慧旅游运用于旅游业发展时，旅游核心环节将得到革命性的改变，游客可以随时随地利用移动终端进行景点查询、门票预订、线路规划等旅游活动。

第二，游客体验与产业融合能够实现旅游信息的交互式传递。旅游业相关单位以智慧旅游为技术指导，通过大数据平台，收集游客相关信息，分析游客的旅游习惯，预判游客旅游消费趋势，为精准化个人旅游服务提供理论基础。

---

① 马海龙，杨建莉. 智慧旅游导论［M］. 银川：宁夏人民教育出版社，2020：188.

（二）旅游安全保障的增强

1. 游客的安全

游客作为旅游过程中的核心要素，其安全问题不能忽视。

首先，在智慧旅游背景下，旅游各环节的信息数据将在智慧旅游公共服务平台形成网络数据库，从而进行旅游行业发展状态实时监管和旅游情况动态分析，进而排查潜在旅游风险，做出旅游预警，规避旅游风险，为游客提供旅游安全保障。

其次，游客在旅游过程中出现危险状况时，可以利用其随身携带的移动终端联通智慧旅游平台实现精准定位，有利于救援行动的展开。

2. 旅游行业的安全

智慧旅游将对旅游区域政务合作起到帮助，各旅游行政单位可利用智慧旅游服务平台对跨区域旅游管理联动，实现跨区域管理决策分析、营销联动、远程指挥、实景现场展示，联系相关区域旅游单位，实现行业协同办公，打击不法分子利用区域合作管理漏洞进行各类危害游客合法权益的活动，保障区域旅游安全。

另外，通过地理信息技术，旅游单位可以实时掌握景区游客流量和分布区域情况，及时采取限入和分流措施，优化游览线路，保障行业安全，实现旅游区域健康发展。

3. 旅游资源的安全

旅游资源管理部门能够利用智慧旅游技术对游客进行实时定位，获取游客的动态分布情况，及时知晓游客在旅游景区的位置，当游客进入非旅游地带时，可以在第一时间监控人为破坏性行为，这也是对旅游资源的安全保护。

不仅如此，智慧旅游技术能够分析生态环境影响，对旅游资源本身进行监控，特别是对动物资源进行监控。相关部门可以通过 GPS 定位技术，以智慧旅游平台为依托，对动物性旅游资源进行实时安全监控，形成关于该动物资源的各类信息，最终形成大数据网络，为有关资源的保护与建设提供理论指导。

（三）旅游信息的收集与营销

旅游企业可以利用 LBS 位置服务技术，实现旅游信息的准确收集和游客地理信息精准定位，将游客旅游行为习惯以数据形式呈现，从而构建旅游营销数据库；通过对游客位置与状态的实时追踪和显示，可以主动推送其附近的旅游信息，并为其计算相关旅游费用；根据数据库的历史数据，分析出游客的旅游习惯，为其提供最优选择。

三、基于北斗技术的智慧旅游位置服务系统的构建

（一）系统组成

基于北斗技术的智慧旅游位置服务系统，充分利用地区旅游信息资源以及各景区现有软硬件资源，建设现代化的数据中心及各服务系统和应用平台，服务于全域景区精细化管理、游客人性化和个性化服务体验、全域生态环境保护和经济发展。

社会资源数据，是与全域旅游相关的系统外部数据，是全域旅游大数据的重要组成部分，直接或间接影响人们旅游活动并为游客提供旅游服务。景区资源数据是最直接的全域旅游数据，它直接反映了游客、管理者的旅游行为活动。两类数据构成了系统的数据基础。北斗全域旅游综合位置服务平台是整个系统的核心，通过对旅游大数据进行管理和分析，为全域旅游各应用平台提供数据服务；针对全域旅游服务对象的不同，将全域旅游应用平台划分为全域旅游大数据分析服务平台、全域旅游景区综合管理平台、全域旅游公共资源管理平台、全域旅游营销平台、全域旅游微信公众平台和全域旅游体验平台等。

（二）关键技术

系统体系设计涉及多项关键技术，主要有以下几类。

1. 基于北斗的广域连续通信无缝集成技术

该技术是将移动通信业务与北斗卫星无线电定位系统（Radio Determinatiow Satel-lite System，RDSS）业务相结合实现广域连续通信无缝集成。移动通信具有设备简单、费用便宜等优点，然而在一些沙漠、森林、航海等特殊区域，由于人类活动较少或者通信基站架设问题，没有移动通信信号覆盖，人类进入这些区域将无法实现与外界的通信；北斗 RDSS 业务通过北斗卫星播发广域通信信号，具有广域全天候的特点，能够覆盖包括沙漠、森林、海洋等任何特殊区域，但是北斗 RDSS 业务通信只限于短报文通信，并且受通信频度和通信容量的限制，因此，主要用于应急状态下的通信保障。[①]

该技术结合移动通信业务与北斗 RDSS 业务的优点，完成移动通信与北斗 RDSS 通信之间的连续通信无缝集成，实现手机与北斗应用终端之间短消息互发，从而实现广域范围内的通信无缝集成。

---

① 李博，袁永卫. 北斗全域智慧旅游综合位置服务系统设计［J］. 数字通信世界，2018（10）：11—12，23.

2. 多源数据融合技术

系统获取的旅游相关大数据来源不同，格式多样，包括结构化数据、非结构化数据、半结构化数据，给数据的分析和应用带来困难，直接影响数据的使用效果。因此，系统需要对数据进行预处理，将各种不同的数据进行综合、提取、格式转换等操作，提取出有用的信息，并按照统一的标准进行加工处理和存储，形成统一的、规范的、可利用的信息。

多源数据融合是系统运行的基础，其为系统运行提供基础数据源，经过数据融合，可以得到比单一数据更丰富、更有价值的信息。

3. 大数据分析技术

系统将全域智慧旅游相关的交通数据、酒店数据、气象数据、票务数据、停车场数据、Wi-Fi 数据、视频数据、网络舆情数据等数据进行全面搜集、分类、整合、存储处理，并对各类数据进行实时数据流分析、历史相关数据分析，研究各类相关数据与游客流量、游客行为模式、旅游事故发生率等要素的关系，发现并不断优化旅游大数据分析模型，以便预测全域旅游发展趋势，罗列全域旅游管理运行发展过程中可能出现的问题并提前进行预防和处理，从而更好地为景区精细化管理、游客旅游体验和景区生态环境保护服务。

4. 基于 Web API 的数据服务技术

系统架构设计具备开放性特征，系统采用基于 Web API 的数据服务模式。Web API 是一个理想的构建 REST-ful 服务的技术，它可以使用 HTTP 的全部特点，如 request/response 头、缓存机制、各种内容格式等；它具备 MVC 的特质，如模型绑定、act ion、单元测试等，使得程序更加健康；对于限制宽带的设备，如智能手机、北斗多模终端等，都有非常好的支持，适合构建包括移动端在内的各种客户端应用服务。

（三）系统原理

系统数据来源于外部信息系统和各类感知终端。北斗全域旅游综合位置服务平台遵循标准的数据服务协议，通过向外部系统发送数据请求，获取外部信息系统数据，即交通数据、气象数据、公安数据、遥感数据、酒店数据、票务数据、视频数据、电信数据等公共资源数据；各类感知终端，包括北斗车载型终端、北斗手持型终端、北斗指挥型终端、定位终端、视频摄像头、环境监测设备等，将感知的数据信息和设备状态上报到北斗全域旅游综合位置服务平台；同时，服务平台能够向各感知终端发送或转发控制指令，控制终端工作模式与状态。北斗全域旅游综合位置服务平台将获取到的旅游大数据存储于数据中心的云数据存储设备中。

各应用平台运行所需的业务数据由北斗全域旅游综合位置服务平台提供，各应用平台根据业务需要向北斗全域旅游综合位置服务平台发送数据查询、统计请求，北斗智慧旅游综合位置服务平台根据查询、统计条件，向各应用平台返回查询、统计结果。

智慧旅游大数据分析服务平台主要是利用景区大数据，结合特定的分析模型，进行相应的数据统计、分析、预测，得出对游客、旅游管理者、商家具有指导性的潜在信息。

智慧旅游景区综合管理平台主要服务于景区的精细化管理，包括景区内车船位置信息、视频信息、游客量信息等。

智慧旅游公共资源管理平台主要服务于系统的外部系统接入管理，包括外部系统的接口方式、数据传输监视、数据传输控制、数据统计等。

智慧旅游营销平台主要服务于全域范围内的营销业务，包括特产推荐、特色旅游项目推介、旅游宣传等。

智慧旅游微信公众平台主要服务于游客游游需求，游客旅游所需的衣、食、住、行、游、购、娱服务都可以在该平台获取。

智慧旅游游客体验平台主要服务于全域旅游建设成果的室内体验，通过对旅游项目进行微缩化、虚拟化，使得游客能够在室内感受特色旅游项目。

第三节　智慧旅游公共服务

一、旅游公共服务

旅游公共服务是旅游不可或缺的基本要素，是旅游活动的基础和保障。一个完整的旅游活动由旅游公共服务和旅游产品两部分构成。对游客来说，要完成旅游体验，除了各式各样的旅游吸引物，更重要的是依赖各类旅游公共服务为游客出行提供便利。

从概念上看，旅游公共服务是政府和其他社会组织、经济组织为满足游客公共需求，而提供的基础性、公益性的旅游物品与服务。

从性质上看，旅游公共服务可从以下几个方面来认识。

一是旅游公共服务是社会公共服务的有机组成部分。社会公共服务是旅游发展的基础，旅游公共服务以社会公共服务为依托。游客所需的基础性服务与社会公共服务相重合，如交通、通信、水电、金融等基础设施。旅游发展需要统筹社会公共服务资源，社会公共服务建设亦需要将旅游公共服务纳入其中，统筹考虑旅游的功能。

二是旅游公共服务是旅游服务的组成部分，但区别于市场化的旅游服务。旅游公共服务是满足游客基础性需求的旅游服务，而基于游客特殊需求的旅游服务，则更多是由市场主体提供的市场化旅游服务。

三是旅游公共服务是针对移动中的游客或者游客的服务内容，是为那些流动群体而非固定居民服务的，这排除了为旅游企业等其他主体提供的服务和旅游行政服务体系等类别。旅游公共服务是面向游客的服务，是针对旅游活动所引致的需求而提供的服务。

四是旅游公共服务是公益性服务，是为大众游客提供的服务而不是为少数人群提供的个性服务，其关注的是游客共同需求。旅游公共服务涉及的内容也具有极强共享性，具有大众性、开放性、非排他性的特点，其禁止任何人为歧视条例，只要是游客便可以均等享受。[1]

五是旅游公共服务是基础性服务，是面向游客基本需求而设立的，其服务标准和服务水平也是最低标准而并非高端服务和个性化服务。高端服务和个性化旅游属于私人服务范畴，旅游公共服务仅提供基本最低标准旅游服务，以保障游客旅游活动顺利进行。

六是旅游公共服务是一种低价位或免费服务。旅游公共服务面向大众游客，是具有非排他性的公共产品，这使得政府成为这一服务的主要承担者，实行一种低价位甚至是免费的准入机制，以使普通游客能无障碍地获得服务，而不需要面对过高的收费门槛

七是旅游公共服务是一种动态变化的服务。游客旅游需求处于持续演进中，这使得旅游公共服务也处于动态变化中，其所涉及的服务内容、服务水平、服务标准都具有阶段性特征，随社会经济、旅游业和游客需求变化而不同，且在不同区域层面也呈现一定差异性。

二、优化智慧旅游公共服务的策略

（一）建立公共服务信息平台

智慧旅游作为现代社会一种新的旅游宣传方式，对旅游业的发展具有重要的推动作用。在发展的过程中，包括旅游业在内的各个行业和领域都需要依靠政府的有效管理来确保正常合理的发展秩序。为了更好地构建智慧旅游公共服

---

① 戴学锋，廖斌. 全域旅游理论与实践［M］. 北京：中国旅游出版社，2021：207.

务平台，政府及相关部门必须充分发挥管理作用，在维持旅游市场正常发展秩序的同时，促进旅游业的进一步发展。具体来说，管理者在构建智慧旅游公共服务信息平台的过程中应做到以下两点。

第一，管理者必须推动现有资源管理系统向更高效率和智能化的方向发展。以政府为主体的管理者和相关部门不仅要详细了解当地旅游资源的分布和旅游发展情况，还要做好旅游资源的合理配置和管理工作。

第二，管理者在掌握了全面的旅游资源信息后，通过对这些信息数据的深入分析，为智慧旅游公共服务平台的建设提供更加全面的信息，从而更好地促进当地旅游业的发展，同时体现旅游资源的价值。

管理者在构建智慧旅游公共服务体系时，需要更加注重公共信息服务平台的搭建，根据智慧旅游产业的发展现状，明确最终的工作重点和立足点，提高实际工作的针对性。在智慧旅游的背景下，传统的旅游公共信息服务平台已经不能满足旅游业的工作需求。因此，其有必要根据时代发展方向不断创新和调整，以提高实际应用效果。①

（二）交通运输体系建设

在构建智慧旅游公共服务体系的同时，也需要更加重视交通运输体系的建设。智能交通是一个基本的功能模块，能够直接影响游客的体验和旅游单位的效益。智能交通系统要全面完善，就需要与交通信息服务功能系统充分结合，为智能交通提供重要的基础保障。智能交通服务系统，应该包括停车场信息和景区的客流，然后集成到定位系统和无线传感器，组成一个完整的交通信息监测网络，全面监督和管理这些领域的相关状况。

随着时代的不断发展，新的旅游模式也应运而生，部分游客的旅游模式正在逐渐向自驾游方向转变。因此，在实际工作中，智能交通应突出本身的人性化特点，如具备交通标志和导航功能，为游客提供良好的交通环境，完善智能交通的公共服务模式等。

（三）加强薄弱环节的构建

我国旅游公共信息服务要加强旅游薄弱环节的构建，推进我国旅游事业的发展，形成较为完整的旅游公共信息服务体系。我国旅游交通应当将现代化移动通信设备、互联网技术、三网融合技术、云计算技术相融合，运用到旅游交通管理中，构建我国旅游交通信息采集系统、旅游信息检测系统，以这两大系

---

① 李佰成. 智慧旅游公共服务机制创新研究［J］. 当代旅游，2022，20（8）：22—24.

统实现旅游公共信息服务管理模式，使停车信息、车流量信息实现共享，使游客通过旅游网站对车辆信息了如指掌，便于游客出行。①

在我国旅游景区方面，旅游单位可以运用无线射频识别设备、云计算、互联网技术，构建旅游景区电子售票系统、电子门禁系统、自助导游系统，实现旅游公共信息服务智能化管理模式，满足游客旅游的需求。例如，我国九寨沟、张家界、黄山等旅游胜地，已经构建旅游公共信息服务管理系统。在智慧旅游背景下，旅游企业应该有效地运用信息技术，完善旅游薄弱环节，进而优化旅游公共信息服务管理模式。

（四）推进公共服务全覆盖

公共服务全覆盖，要突出非营利性的特点，在战略上实现景区内无线网络的全覆盖，减少游客在景点中遇到的问题。此外，旅游单位应该通过线上和线下的结合为游客提供更多便利，如通过线下优惠券和年度优惠券相结合的形式来激发游客的旅游欲望。

此外，旅游单位宣传旅游产品可以通过互联网推送，这不仅可以打破时间和空间的限制，而且还有助于满足游客旅游的需求，提高实际的服务水平。在现代社会的发展中，随着人们观念和生活方式的改变，旅游逐渐占据了人们休闲娱乐的重要地位。以自然资源为基础的传统、单一的旅游资源已经难以满足游客的游览观光需求。在5G时代的背景下，智慧旅游公共服务平台的建设要想在推动旅游业发展中发挥更大的作用，也要注重满足游客的需求。在这方面，智慧旅游公共服务平台的建设应充分考虑游客的消费心理。

游客在选择旅游目的地时，主要会考虑目的地的住宿环境、休闲活动、购物娱乐、监管平台等因素。在考虑这些因素的过程中，游客不仅需要结合多种因素，选择和规划最具成本效益的旅游方案，还要充分满足旅游、休闲、娱乐的多样化需求。

智慧旅游公共服务平台在制定旅游规划的过程中，也应充分考虑这些因素，通过收集、分析、整理更详细的信息，在平台上为游客呈现更全面的旅游资源信息。在游客利用平台选择和规划旅游方案的过程中，平台所拥有的大数据、云计算等先进信息技术也可以通过分析游客的旅游爱好，促进平台自身不断完善和发展，让平台发挥更大的作用，从而推动中国旅游业进一步发展。②

---

① 张春莲. 智慧旅游背景下旅游公共信息服务优化研究 [J]. 淮南职业技术学院学报，2018，18（5）：135—136.

② 汪敏. 智慧旅游与旅游公共服务体系建设的研究 [J]. 区域治理，2020（56）：168—169.

三、智慧旅游公共服务系统的构建

建设智慧旅游公共服务系统的整体目标为整合区域旅游相关信息资源及服务资源，通过统一的旅游服务系统，将旅游公共信息的采集与发布、旅游产业监管信息的采集（包含旅游投诉的受理接口）、景区游客承载量统计与预警、旅游形象推广等功能集成在互联网平台上，为公众提供多渠道、多场景和多终端的实时旅游信息服务，提升区域旅游管理与服务水平。同时，通过对该互联网平台获得的综合数据信息的整理和分析，为旅游产业决策、行业主体的经营管理决策提供数据支持。

（一）业务架构

智慧旅游公共服务系统的业务架构以感知层、支撑平台层、解决方案层、运营管理层作为支撑。

1. 感知层

感知层由互联网、移动互联网、物联网三层组成。

互联网接入公安、工商、税务、气象、招商局等职能部门的共享信息，确保信息获取的完整性、有效性及实时性。

移动互联网是获取数据的另一种渠道，以移动终端作为载体。

物联网则以摄像头、扫描枪等作为数据录入渠道，对数据进行采集处理。

感知层以光纤通信网、无线网络、5G 网络、物联专网等作为技术手段，以获得更透彻的感知。

2. 支撑平台层

支撑平台层由虚拟化服务、旅游数据资源库、业务支撑平台组成。云计算平台在感知层与支撑平台层间起着连接的作用。

虚拟化服务上有容量管理、用户管理等功能。

旅游数据资源库包括游客资源、旅游资源、多媒体资源、游客诚信记录等，从而为整个平台提供底层数据支持。

业务支撑平台则包括呼叫中心、数据分析决策支持、数据交换、融合通信、地理信息、智能信息等内容，为用户提供信息处理分析后的数据支持。

支撑平台层的作用在于实现旅游系统全面的互联互通。

3. 解决方案层

解决方案层搭建在支撑平台之上，包括旅游行政管理、企业、游客三个部门，为与旅游相关的服务对象提供功能服务。

该层为旅游行政管理部门提供的功能建立在职能之上，为其提供智慧决策功能，包括信息发布服务、经营者评测、门票销售、旅游营销推广等功能。

对企业，该层则针对景区、旅行社、酒店等业务范围进行功能提供，包括电子票务、旅行社评价、客房预订、目的地营销等。

对游客，该层则以咨询获取为主，包括旅游产品信息、旅游交通信息、住宿信息、餐饮信息等。

智慧的解决方案为各服务对象提供充足的信息来源与业务支持。

4. 运营管理层

运营管理层为智慧旅游的决策者及管理者提供了诸如景区安全、公共安全、环境保护、预警监控、灾害预防等方面的战略考虑，这些都以感知层、支撑平台层、解决方案层作为支撑。[①]

运营管理层确保了智慧旅游的健康性、安全性与可持续性。

（二）功能架构

智慧旅游公共服务平台的功能架构以基础技术平台作为数据支持，以应用层、集成层、外部资源层和展现层作为体现。基础技术平台搭载在基础数据平台之上。基础数据平台包括智慧旅游基础数据库，包括景点、游客、住宿等数据元。基础技术平台包括统一数据管理、共享引擎、安全管理、运维管理、决策分析等技术支持，为智慧旅游公共服务平台的用户提供了数据模型及数据分析。

1. 应用层

应用层包括旅游公共信息发布及资讯平台、旅游产业运行监管平台、各景区门票预约与客流预警平台、多语种的旅游形象推广平台、旅游大数据集成平台这五大平台，为旅游公共服务的完善提供了解决内容，对智慧旅游不同行业的服务在具体形式上起到监督指引作用。应用层的数据处理依托于云计算平台。

2. 集成层

集成层处于应用层和外部资源层中间，它起到数据交互、连接的功能。以信息资源协调平台作为应用层数据交互途径，连接数据总线，之后通过物联网统一接入网关，与外部系统网关实现与外部资源层的连接。

集成层为外部资源层的接入提供了诸如数据交换协议、数据接口等技术支持，实现了数据的完整性与统一性。

3. 外部资源层

外部资源层的数据资源来自物联网及外部职能部门的数据资源。物联网数

---

① 马海龙，杨建莉. 智慧旅游导论［M］. 银川：宁夏人民教育出版社，2020：57.

据资源包括视频、交通等的数据，职能部门数据资源包括公安、医院、社区、环保、电力、航空、铁路、银行、上下级单位等的数据。外部资源层的数据资源为智慧旅游公共服务平台的数据保证了权威性与完整性，同时也减少了自建数据库带来的经济成本。

4. 展现层

展现层以门户的形式按职能部门进行展示。公共服务门户的服务对象为游客、市民、商户等，其门户包括门户服务、内容服务、交互服务、协助服务等服务内容。内部管理门户的服务对象为运营人员、政府职员等，门户包括可视监控、关键流程协同、智能决策等服务内容。展现层以电脑、手机、信息亭等作为展现终端，为智慧旅游公共服务平台的用户提供内容浏览、互动交流、管理运营等操作。

智慧旅游公共服务平台的业务架构及功能架构，都以智慧旅游的服务对象为出发点，结合当今技术以及科技发展趋势，为智慧旅游的用户提供现有职能下的支持与引导，带领智慧旅游向健康的方向前进。

（三）整体运维方案

设立集中的运维管理中心，同时设立现场运维管理团队。通过"7×24×365"的不间断运维，满足业务的安全稳定运行。运维保障体系是运维工作满足未来业务快速扩张的必要建设内容，根据行业实践，主要应该考虑人员组织、管理制度和流程、技术平台和技术环境、信息和管理四个方面。

第四节　智慧旅游服务质量提升对策探究

一、实现智慧旅游服务的标准化

（一）市场层面

智慧旅游能够通过更全面的数据交换、共享、互联，为游客提供更加人性化、个性化以及智能化的服务。因此，构建旅游标准体系与智慧旅游在提升旅游产品品质及服务质量的目的上是一致的，但现有的关于智慧旅游的标准体系建设研究寥寥无几。智慧旅游的快速发展对旅游标准体系的建设有着强烈的需求。

旅游要素要实现在不同市场主体间的对接，就要用统一的标准去衡量这些旅游要素。因此，要通过制定、发布和实施旅游标准达到智慧旅游顺利推进的目的。随着智慧旅游的发展，为了促使旅游项目的进一步优化，智慧旅游服务还要建立协调一致的法规、标准与评定程序体系，进一步完善智慧旅游标准体系。

智慧旅游的公共平台和各类应用系统建设与运行维护，也应当按照符合智慧旅游需要的统一标准予以规范。构建旅游标准体系与智慧旅游的共同目的是提升旅游产品品质及服务质量。智慧旅游通过加强各项旅游信息的共享和交流，满足游客的旅游需求，政府、部分企业以及景区共同参与智慧旅游建设过程，具有营利性质。

（二）政策层面

国家旅游局（现已改为文化和旅游部）颁布《旅游标准化工作管理暂行办法》等规定，逐步规范旅游标准化工作，对旅游标准实行年度立项计划申报制度，与国家标准化管理委员会年度立项计划工作实现有效衔接，初步建立并形成从旅游标准的立项、制定、颁布到贯彻实施等系列旅游标准化工作的推进模式。

2015年初国务院发布《关于印发深化标准化工作改革方案的通知》，提到：“现代服务业标准仍然很少，社会管理和公共服务的标准刚刚起步，特别是信息化、电子商务等领域，对标准需求十分旺盛，但标准供给仍有较大缺口。”相关标准的缺失也制约在线旅游企业的发展，同时也造成一定的信息壁垒。国家旅游局提出“治旅兴旅的515战略”，明确支持旅游企业的信息化建设，加强旅游法规和标准化建设，鼓励网络旅游企业发展，并且要求健全旅游体系，加强旅游标准化政策研究。

2016年4月，国家旅游局组织编制的《全国旅游标准化发展规划（2016—2020）》正式公布，提出到2020年，我国旅游国家标准将达45项以上，行业标准达60项以上，地方标准达300项以上，新建200个以上全国旅游标准化试点示范单位。

2023年，文化和旅游部印发的《国内旅游提升计划（2023—2025年）》中提到：“加强标准制定实施。完善旅游标准体系，以促进旅游产品升级和服务品质提升为导向，加大标准制修订力度，提高标准实施应用水平和效果。推动实施旅游民宿国家标准，制定民宿管家服务规范行业标准，开展《导游服务规范》等旅游业国家标准宣贯工作。"①

上述规定使旅游标准覆盖领域进一步拓宽，标准体系结构明显优化，标准之间协调性增强，适应和支撑现代旅游业发展的标准体系更加健全，为进一步完善旅游信息技术标准提供政策支持。

（三）城市层面

我国智慧城市和智慧旅游建设开展得如火如荼。从政府部门职能角度看，几乎所有城市都具备旅游的功能，智慧旅游应该从属于智慧城市，是智慧城市的重要组成部分；同时，智慧旅游可以带动智慧城市的建设，通过开展智慧旅游，推动智慧城市的建设。

在智慧旅游的建设过程中，智慧旅游的公共平台和各种系统的设计、建设、运行和维护都需要统一的标准进行规范，从而实现信息和系统的共享和协同互动，并降低建设成本。而信息化则为标准化提供了全面的技术支撑，使标准化工作有更多机会享受新技术的便利和快捷，同时，也会带来适当的业务整合，为标准化工作的创新战略提供一个更好、更先进的平台，促进标准化事业的快速发展，两者互为支撑、相互促进、共同发展。

在旅游标准化过程中，各城市如果能够充分利用信息化的优势，实现旅游标准化与信息化的一体化建设，将大大促进我国智慧旅游的顺利开展。

二、推动智慧旅游服务管理的正规化

（一）完善智慧旅游服务管理规划

当前，我国已步入了智慧旅游时期，为了满足时代发展的需求，景区必须紧跟时代的步伐，及时做出调整，积极围绕智慧旅游的相关内容、要求进行整改与创新，进一步完善智慧旅游服务管理规划，制定合理的规划目标。

整体来讲，景区智慧服务旅游管理规划首先需要编制详细、专业的规划书，在规划书当中明确智慧旅游建设的目标、内容、资金来源及各阶段的具体实施细则。② 例如，智慧服务系统主要包括景区官网建设、电子门票、虚拟旅游、自助导游系统、旅游信息发布系统等。智慧集成系统则包含综合管控平

---

① 中华人民共和国中央人民政府. 文化和旅游部关于印发《国内旅游提升计划（2023—2025年）》的通知 [OL]. (2023-11-1) [2024-1-26]. https：//www. gov. cn/zhengce/zhengceku/202311/content_ 6914996. htm.

② 王凌云. 景区智慧旅游管理优化研究 [J]. 卷宗，2021（9）：224.

台、应急指挥系统等。智慧管理系统则涵盖了办公自动化系统、物资管理系统、景区项目管理系统、电子巡更系统等。

（二）打造自助服务式智能景区

智慧景区在保障游客安全的前提下，可以实现自主化服务，既能够节省人力资源，也能够为游客提供更为宽松的旅行环境。景区全面利用人工智能、智能语音、人脸识别等技术，可以实现解答问题、自助购物、景点介绍、线路指引等功能，即使没有服务人员也能确保服务质量，还能为游客带来新奇体验。

以线路指引为例，景区的线路指引可以通过智能导览实现。智能导览是智慧景区发展的要点，智慧景区的移动终端导览避免了游客在景区内部扎堆问题的产生。它通过对景区客流量、交通、游客特征等多因素进行分析，向游客推荐最优路线，为游客提供最便捷、安全、优质的旅游体验。

除了线下的智慧景区建设，部分景区甚至通过虚拟现实技术构建了线上虚拟景区，打通了"云旅游"的服务路径。"云旅游"作为一种沉浸式体验活动，为旅游发展提供了新的可能，其不受时间和空间的限制，兼具高安全、强互动以及低成本的特点。各类线上资源在旅游业的发展中得到了充分的利用。例如，谷歌艺术项目依托其资源优势，通过摄像镜头向游客展示世界各地的景观；美国黄石国家公园通过摄像机实时播放公园的景色，旅游将不再受到时空的限制。①

（三）提升管理人员智慧旅游服务意识

意识是对事物的一种认知，存在于人的思想层面。智慧旅游服务是一种全新的服务理念，是信息化技术与旅游服务的结合，可以通过互联网实现游客与景区的紧密联系。通过手机等客户端，游客能够及时准确地获取景区的旅游信息，以更好地满足游客的旅游需求。

为了进一步加强景区人员对智慧旅游服务的重视程度，旅游单位可以积极组织开展各类智慧旅游服务的专题讲座，通过这种知识传递模式，帮助从业人员及管理人员树立新的思想观念，充分认识到智慧旅游服务的重要性。

同时，针对从业人员素质参差不齐的特点，旅游单位可以通过向其他服务优质、智慧化水平高的景区实地学习的方式，让管理人员更深入、更真实地了解智慧旅游的服务理念和服务模式，增强智慧旅游服务管理的意识。

---

① 徐星星. 智慧旅游发展对策研究 ［J］. 旅游纵览，2021（4）：100—102.

第六章　智慧旅游营销

旅游是现阶段的热门话题，是人们在物质生活得到极大丰富后获取精神享受的重要途径。目前，我国的旅游市场火热，各个地区均在积极地规划和建设旅游项目，旨在发展旅游业，活跃区域经济。在近年的旅游产业发展中，各地都在积极分析旅游营销策略，深入、广泛地推广智慧旅游，旨在实现旅游产业的进一步壮大。

第一节　智慧旅游消费行为分析

一、游客消费行为一般特征分析

在互联网时代，在旅游供需都发生重大变化的背景下，游客旅游的选择越来越多元、旅游阅历越来越丰富，他们也在尝试追求个性化、随性化的旅游形式，其移动范围越来越大、越来越具有不确定性，同时，其消费行为也发生了很大变化。

（一）出行方式不同，消费行为特点不同

游客消费行为通常按照是否通过旅行社等旅游代理结构来划分为团队旅游和散客旅游。按照游客出游方式，可以划分为三种消费行为：团队出游、散客出游和团散结合，其模式如图6-1所示。这三种旅游方式将客源地、泛客源地（互联网）和目的地三者之间联系了起来。

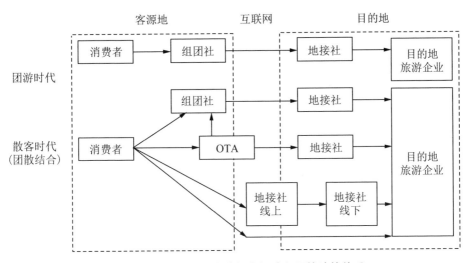

图6-1 团队与散客旅游与客源地和目的地的关系

1. 团队出游——跟团旅游

随着旅游业的发展，跟团游产品在前几年曾经红极一时，但是随着消费需求的改变，加上新型旅行产品不断涌现，跟团游产品影响力却不复之前。跟团游产品已经不能完全满足人们对个性化、高品质旅行的需求。[①] 尽管散客旅游时代已经全面到来，但依然有很大一批游客选择团队旅游。在团队旅游与散客旅游的取舍中，游客的消费行为一般为空间距离远"团"，空间距离近"散"；文化距离远"团"，文化距离近"散"。

（1）空间距离远"团"，空间距离近"散"

游客的消费行为一般是远距离旅游选择团队出行，近距离旅游选择散客出行。因为远距离旅游成本更高，需要做的准备工作更多，通过传统的团队旅游，游客可以方便省心，价廉物美、节约时间。

（2）文化距离远"团"，文化距离近"散"

文化距离是指客源地与目的地之间以语言为主要特征的文化差异程度，主要包括语言方面的差异、生活习惯的差异、社会文化的差异等。当客源地与目的地之间的文化距离较远时，游客一般选择团队旅游的形式；当客源地与目的地之间的文化距离较近时，游客更倾向选择散客自由行的出行方式。在前往与自己母语不同、文化差异较大的旅游目的地时，领队或导游相当于"保姆"，领队或导游在跨国语言交流、签证办理、旅游交通、旅游住宿、购票、购物等

---

① 申杰. 跟团旅游被指落伍 自由行渐入佳境 [J]. 中国质量万里行，2018（11）：78—79.

方面提供的服务很有必要。

2. 散客出游——自助游与自驾游

我国旅游市场持续保持较高的增长趋势，旅游成为更多老百姓的日常生活方式。在总量增加的同时，个性化和碎片化的需求凸显，越来越多的人不再满足于"大锅饭"式的跟团游，而选择品质化的"自由行""定制"等"小灶"。①

散客旅游时代的趋势不可阻挡，互联网与旅游业的充分融合也为散客旅游时代的全面到来提供了必要条件，游客旅游体验观念和思维的转变也让散客旅游时代的到来变得更快。当前，旅游业的发展已经进入了以散客为主的休闲度假时代，团队游逐渐被自助游、自由行所取代。

（1）散客时代到来，自助游兴起

自助游是有别于传统的集体参团旅游的一种新的旅游形态。在自助游中，指游客自己设计路线，自己安排旅途中的一切，不依靠旅行社。自助旅游最大的特色就是旅游内容自主性很强，每个人都有充分的时间来享受旅游中的趣味，即使是行程安排得恰当的半自助旅游，其都可享受到自由自在的活动与旅游内容。旅游内容与行程大多由自助旅行者自行主导是自助旅游最大的特色，这也是它最吸引人的地方。

（2）自驾游在自助游的带领下迅猛发展

自驾游是自助游的一种类型。作为当下出游热门方式，自驾游在激活新型消费、促进旅游经济发展的同时，也为产业链条延伸、产业融合发展带来了新机遇、注入了新活力。②

自驾游游客通常不需要由旅行社安排旅游行程，在旅游目的地的选择、到达与停留时间，以及食宿安排上都有很大的自主性。自驾游在选择对象、参与程序和体验自由等方面，给游客提供了伸缩自如的空间，其本身具有自由化与个性化、灵活性与舒适性，及选择性与季节性等内在特点。与传统的参团方式相比，它具有本身的特点和魅力。

（3）团散结合的自由行方式进一步深化

自由行是一种新兴的团散结合的旅游方式，俗称"机加酒"，即机票加酒店。与团体旅游相同的是，由旅行社或在线旅游企业安排住宿与交通，但自由行没有导游随行，饮食也由旅客自行安排。自由行为客户提供了很高的自由度，游客可根据时间、兴趣和经济情况自由选择希望游览的景点、入住的酒

---

① 吴铎思. 旅游："小团化"成趋势［J］. 决策探索，2019（19）：36—37.
② 岳雷. 自驾游渐成主流最美风景在路上［J］. 法人，2023（8）：23—26.

店，以及出行的日期。

3. 旅行社方面

旅游不仅是人们休闲和度假的一部分，而且是人们精神生活的组成部分。① 在某种程度上，人们希望获得优质的旅游体验，希望每一次旅游都是一次美妙的人生体验，能根据自己的喜好和条件，自主选择出游方式、游览地点、交通、住宿、餐饮、行程等，根据自己的想法来控制旅游费用，把钱花在自己最想花的地方，充分享受旅游的乐趣。游客越来越不满足于传统的跟团游，散客化、个性化、时尚化的自由行越来越受到青睐。

自由行是在线旅游行业一直以来的优势业务，自由行的游客群体与网民群体存在很大的"交集"，自由行的游客对网络旅游信息具有很大的依赖性，大部分出境散客自由行游客会通过网络了解出游目的地、机票、酒店、景点等信息，以此选择预订服务。而随着互联网与旅游的充分融合，特别是移动互联网的普及，自由行与在线旅游将会深度交融。

(二) 出游目的不同，消费行为特点不同

按照出游目的划分，游客消费行为模式为"远观光，近休闲"。观光旅游依然是远距离旅游的主体，而近距离旅游更多地呈现出了休闲趋向。旅游逐渐成为人们的一种生活方式，传统的旅游产品难以满足游客多样化、多层次的需求。现如今，越来越多的居民出游已不只满足于在各个旅游点之间长途跋涉、疲于奔命、赶鸭子一般的旅游方式，以休闲和娱乐为主要目的的城市居民成群地去大城市边缘的旅游小镇和乡村度周末成为非常普遍的现象，其消费行为呈现出"远距离以观光旅游为主，近距离以休闲旅游为主"的特点。

二、智慧旅游游客消费模式分析

(一) 确定本人需求

随着时代的发展，旅游业已经成为当今世界重要的经济产业，旅游已经成为现代人日常生活中不可缺少的组成部分。许多旅游和酒店产品无法储存起来供未来使用，例如空置的酒店房间、未售出的活动门票和未被消费的商品。准确的旅游需求量预测可以帮助旅游从业者制定与旅游发展相关的策略，以便其在基础设施开发和住宿场地规划等问题上做出明智的决策。智慧化旅游越来越符合社会发展规律和人们的心理预期，成为未来旅游发展的新趋势。

① 潘丽琴. 自由行旅游经济形式初议 [J]. 营销界，2020 (41)：11—13.

在传统旅游模式中，游客出门游玩的动机是为了消除工作或生活中的紧张情绪，开阔视野，在旅游过程中提高与亲朋好友的亲密度。但在传统旅游模式下，游客可选择的目的地较少，其只能选择在当地旅行社参加旅行团出游，根据旅行社的安排按部就班地走行程，这样的游玩方式自主性较差，满足不了游客的个性化需求。"一机在手便捷出游"模式下，游客获取景区信息更加方便快捷，选择也更加多样，甚至会有部分游客选择冲动性出游。

(二) 收集产品信息

当游客在产生出游的想法之后，其就会主动地查询景区信息，或者与旅游有关的其他信息。在传统旅游模式下，游客获取旅游景区信息的途径主要有当地旅行社宣传、亲朋好友推荐、旅游网站介绍等。随着智慧旅游模式的兴起，游客可以通过网络终端搜集大量的景区信息，包括景区介绍，网友分享的攻略，以及避坑指南，这为游客选择旅游产品提供了便利。并且在游玩过程中，其还可以通过地图软件、景区公众号等发布的实时信息来及时修正或调整旅游计划。

(三) 选择旅游产品

游客收集完旅游相关信息，就能对比选择适合自己个性需求的旅游产品，利用互联网信息制订自己的出游计划。旅游产品是指由实物和服务综合构成的、向旅行者销售的旅游项目，包括食、住、行、游、购、娱诸要素及各环节的服务。

在选择旅游产品的时候，由于每个人考虑的角度不同、对产品特点的关注度不同，游客可以根据自己的主观意愿、个人喜好选择产品。在传统旅游模式下，游客对景区的游览有一定的局限性，他人评价也都是对旅行社服务质量的评价，缺少对景区趣味性的评价。游客在选择旅游目的地时，主要是对比各旅行社的价格、服务以及出行时间等。但是在智慧旅游模式下，游客可以充分发挥自己的个性，根据自己的喜好、时间制订出行计划，从目的地、路线的选择，再到交通工具、酒店、餐馆的选择全部可以通过线上信息的对比得出选择结果。智慧旅游充分体现了游客的个性化选择。

(四) 购买决定

游客从开始产生出游的想法到制订出游计划，再到最后付款的这一过程中，他们的想法并不固定，还是会出现一些变化。尤其是他们特别容易为一些因素所影响，进而改变或终止自己的旅游计划，这些因素就包括网络上其他游客对景区的评价。

在传统旅游模式中，游客一般很难听到关于景点的负面评价，但是在智慧旅游模式下，游客获取信息的渠道较多，所以游客在出行前所受的影响较大。通过互联网技术，游客对于景区会有很深的了解，旅游决策也会更加合理并切合自身实际情况，对于景区的路况、天气等因素也能提前得知，从而根据具体情况随时调整出游计划。随着各种新兴技术的出现，现在部分景区结合 3D 技术，通过网络使游客在足不出户的情况下便可以享受身临其境的体验。对距离较远或者没有时间出门旅游的人群来说，虚拟旅游从精神层面能给其带来一定程度上的满足。

（五）分享

旅游分享就是游客在旅游过程中及旅游后，通过各种交流渠道，将自身的旅游经历、旅游体验以文字、图片、视频等方式展示给他人或组织，以达到与他人交流的一种互动形式。① 其建立在网络发展、技术进步与社会环境影响的基础之上，发自分享者试图建立和强化社会关系、展示自我并获得关注、获取某种归属和认同的主观动机。旅游分享能够影响潜在游客的目的地选择、现实游客的旅游购买行为，并对旅游业发展产生重要影响。在旅游产业发展的过程中，企业应重视发挥旅游分享在旅游信息分析、营销策略改进、旅游可持续发展，以及"云旅游"中的重要作用。

旅游活动可以给游客带来具有回味价值的感受经历，而不单单使其感受旅游产品本身的质量高低。智慧旅游的出现使游客参与旅游产品的设计成为可能，景区方面可根据游客的切身体验后的反馈来调整经营策略，增加游客与景区之间的互动。传统旅游模式下游客游玩结束后，无法将自己对景区的意见或者建议表达出来。在智慧旅游模式下，由于互联网技术的帮助，更多的游客愿意分享自己的旅游经验，虽然旅游过程不容易复制，但是基于游客的客观评价对于其他游客和景区来说都具有重要的参考意义。

三、围绕游客消费行为特点制定营销策略

（一）了解消费者的具体需求

为了能最大限度上吸引游客对旅游服务与商品的注意力，旅游企业应该基于游客的实际需求出发，开展个性化的工作。随着信息技术和互联网技术的不断发展，智慧旅游已经可以运用大数据技术对用户信息进行整理和分析。互联

① 金思扬. 旅游分享及其在旅游产业发展中的作用 [J]. 广西社会科学，2020（10）：71—76.

网能够搜集到的用户信息十分广泛，其中不仅包括游客的出发地、目的地、交通方式和其在景点停留的时间，还可以根据以上信息分析用户的旅游动因和购物喜好，并根据分析结果为游客划分不同的旅游类型。有了精准的数据做支撑，企业可以为消费者提供针对性的产品和服务，这不但提高了营销的效率，也使服务和产品的销售量大幅增加。

（二）最大限度上满足消费者的个性化需求

1. 创新旅游服务和产品

旅游服务是能够满足顾客某种需求的特殊商品，是任何可以销售或借助实物销售给顾客的一种利益和满足感。对旅游企业而言，现代旅游服务表现为以盈利为目的的活动，即表现为经过设计的服务过程或为顾客所满意的服务产品。在以往的旅游行业中，旅游的行程是固定的，消费者的交通方式、酒店、购物场所、游玩景点，以及娱乐项目都是旅游企业提前安排好的，消费者不能自主选择，这使其旅游需求无法获得满足。随着智慧旅游时代到来，消费者的选择权得到尊重，无论是出行方式还是旅游餐食，其都可以通过智慧平台进行选择，这种创新模式不仅能够满足消费者的消费需求，而且还能提高消费者的选择效率。

除了旅游服务的创新之外，旅游产品也得到了进一步创新。与传统旅游业不同，智慧旅游背景下的旅游行业更加注重旅游文化的打造，除了旅游景点自身外，不少旅游企业还对当地文化进行大力开发，推出了不少具有当地特色的文化产品，这不仅增加了当地景点的人文气息，还增加了游客的消费项目。

2. 开展定制旅游

定制旅游是旅游企业通过与游客进行一对一的信息交流，让游客更多地参与旅游产品设计、开发和生产，按需定制，并在一定程度上进行模块化设计和生产，以满足游客个性化体需求的一种旅游方式。[①] 它提供的是一种个性化、专属化、深度体验化的高品质服务。通俗地说，就是游客根据自己的喜好和需求定制行程的旅行方式。旅游企业从目的地、线路、用餐、住宿、用车、购物、观光、娱乐和导游等方面为旅客提供个性化的定制产品与服务，这让旅客的旅途不再显得千人一面。

在制订方案的过程中，旅游企业会不断与消费者进行沟通，为消费者制订较为满意的旅游方案。[②] 同时，旅游企业更加注重消费者的反馈，通过收集游

---

① 高玉玲. 定制旅游，何去何从 [J]. 时代金融，2019（17）：135—136.
② 罗圆、李晓宇. 智慧旅游背景下游客消费行为研究 [J]. 旅游纵览，2021（10）：188—190.

客反馈，能不断升级和调整原有的旅游产品和旅游方案，促进旅游企业服务质量的提升。

第二节　智慧旅游营销渠道搭建

一、虚拟旅游体验营销渠道

（一）认识虚拟旅游体验

虚拟旅游是信息技术与旅游产业相互融合的产物，是旅游产业发展的一次革命，呈现出不同的特征，主要表现为交互性、经济性等。与传统旅游形式不同的是，虚拟旅游更加合情、合理，能让游客获取更丰富的信息，也能进一步创新旅游营销手段。

虚拟现实技术也就是人们常说的 VR，它借助计算机技术以及相关的电子技术创造出虚拟世界。① 虽然接近于真实，但是实际上它是对真实环境的一种模拟。借助各种各样的传感设备，用户可以根据自身的感觉，对虚拟环境中的各种事物进行操作以及考察，沉浸其中。虚拟现实技术能够为人提供视觉、听觉、触觉等方面的各种真实感受，在许多行业中已经得到了广泛应用，这当然也包括旅游行业。

虚拟现实技术的不断发展直接促进了虚拟旅游的发展。许多人在制定旅游计划之前要想提前体验一下旅游目的地，那么，他们就能借助虚拟现实技术完成这一目标。也就是说，借助虚拟现实技术，人们足不出户就能了解各种旅游信息，甚至能获得一定的旅游体验。可以说，虚拟现实技术在旅游业的应用能在很大程度上解决旅游业发展过程中的许多问题，也能为游客提供别致的旅游体验，让其爱上旅游。

人们能利用虚拟现实技术获得旅游体验的一种体验模式就是虚拟旅游体验。虚拟旅游体验的获得并不难，人们只需要利用计算机来创设一个虚拟旅游环境即可。这样的一种环境并不是真正虚拟的，它是建立在现实景观基础上的，旅游从业者需要利用现实景观构建一个虚拟系统，人们利用这一虚拟系统就能完成相关的旅游活动，获得旅游体验。从中国旅游业目前发展的情况来

---

① 郑森. 旅游景区虚拟现实技术的应用研究 [J]. 大观，2021（11）：98—99.

看，旅游机构与相关从业者给游客提供的信息主要集中于景点信息层面，且这些信息提供的形式是多种多样的，有文字、图片形式，也有图像等形式。虚拟现实技术能为游客构造相对真实的景区，让其不用出门就能了解景区、景点信息，能让其确定是否愿意到该景区、景点去旅游。

（二）以网络游戏为媒介的旅游虚拟体验营销

网络游戏互动性强，时空约束小，费用少，拥有无穷的创造性与极强的黏性。人们利用这些特性，完全可以把网络游戏融入旅游虚拟体验营销中，实现虚拟产品与现实产品的结合，电子商务与网络游戏的结合。

人的体验主要包括五种战略体验模块，其在使用上采用这种顺序：感官—情感—思考—行动—关联，从而达成行销的目的。从这五个方面出发，以网络游戏为媒介的旅游虚拟体验营销具体表现如下。

感官阶段，主要目标是吸引玩家注意力。展现的游戏场景要有强烈的主题性，并且可展示的方面是多样的，从角色的服饰、所持工具或者武器，以及角色名字的特点、房屋样式、地形地貌等多种方面，都可以展现出旅游吸引物的旅游文化内涵。同时不要忽视音乐的力量，一首动人的主题曲可能会更强烈地引起玩家共鸣，游戏的背景音乐随着场景而产生的变化，也是一种增加感官接触的方法。

感情阶段。通过感官的接触，人或多或少会产生一些感情，因此通过玩家的接触游戏，剧情已经开始深入人心，剧情的质量可以决定玩家感情倾诉的力量。因此，动人的剧情可以紧紧围绕着所需营销的旅游吸引物展开，使玩家对旅游吸引物产生特殊感情。旅游企业也可以制作一个精美的旅游吸引物，用其虚拟再现来唤起玩家特别的探索欲望。

思考阶段。思考是对玩家智力的刺激，通过仔细观察找到道具和游戏中提到的逻辑知识来进行解谜，谜题可以具有一定知识性，但是不能过于专业和生涩，同时又要与旅游吸引物相关的文化和风格紧密相关，这不仅能丰富游戏内容，也能给娱乐游戏本身注入非常丰富的文化底蕴，这个过程是引人入胜的过程。

行动阶段，是一个分享和回味的过程，通过对于整个游戏的个人回味和彼此之间的分享，以及线下的旅游促销和其他的旅游相关条件的具备，使旅游成为现实的阶段。这也是旅游虚拟营销效果的实现阶段。

关联是一个贯穿在旅游虚拟体验营销每个环节中的内容。例如，一个游客不会过度了解景区的各个方面的内容，而且导游不可能讲得面面俱到，通过关联这一过程来升华旅游吸引物是必要的。

二、网络社区营销渠道

当前，旅游已成为一种国人崇尚的生活方式之一。网络社区能够聚集对旅游感兴趣的人群，让有旅游经历的用户完成游记、攻略、图片、旅行计划等内容，其中不乏较高的参考价值；对发表的旅游经历感兴趣的用户可以留言；有共同旅游经历的用户可以评论。在这个过程中，人与人的互动得以产生，进而他们共同的旅游兴趣也能获得强化。

社区成员一般有着类似的消费心理、行为和价值取向，这有利于企业对他们进行团体营销，节省营销费用。智慧旅游营销采取的社区营销方式主要有点评网站、即时通信等。

（一）点评网站

点评网站主要是由专家、同行或消费者对企业提供的产品和服务进行评价，评论的形式有编辑点评、视频图片展示以及用户使用体会等。这些评价不仅包括赞美也包括不足之处，用户推荐和网民的意见对潜在消费者决定购买产品起着至关重要的作用。企业在实施点评网站营销时，要关注与企业提供的产品相关的点评网站，深入网站社区，认真倾听网民的意见和想法，通过与网民的交流，消除企业的负面形象，使得点评网站成为企业产品的推广者而不是阻碍者。

（二）即时通信

在互联网众多产物中，即时通信工具是用户接受程度最高的产物之一，即时通信工具在向人们工作和生活渗透的同时，也为企业进行网络营销提供了契机。[①] 即时通信营销的优点包括成本低、沟通性好、受众广。这种营销方式以较少的成本扩大了企业营销的对象范围，提高了企业营销成功的概率。

三、短视频营销渠道——以抖音短视频平台为例

（一）抖音平台的特点与传播路径

1. 抖音的特点

抖音在使用上，操作方便、门槛低、参与度高、浏览速度快，代入感强并

---

① 陈薇. 大数据时代智慧旅游管理与服务［M］. 北京：中华工商联合出版社有限责任公司，2021：122.

且互动程度高，视频风格多样、音乐律动感强，所具有的精准产品定位，可以极大地满足年轻人追求潮流和个性的需求。它所拥有的竖屏、全屏呈现方式，无限的自动加载播放功能，能为用户带来沉浸式的体验。屏幕右侧的点赞、评论功能也可以让用户与视频发布者进行实时参与互动。转发功能则允许用户将视频分享至微信、微博、QQ 好友。正是因为这样新颖、个性化的设计，抖音聚集了一大批用户。

2. 抖音的传播路径

抖音依靠今日头条的算法分发机制，实现对用户的精准内容推送，用户获取的相关内容越多，就越觉得抖音"懂"他们。[①] 同时这种算法机制也有利于去中心化和优质内容的传播，能使普通人创作的优秀内容也有很大概率进入大众视野，获得很高的播放量。同时，传播模式的碎片化，使用户在零碎的时间中也能获得精神愉悦。

由此看来，抖音短视频平台的传播路径主要分为：①传播内容可通过一定的传播方式，传送至用户；②用户可对接收到的内容进行充分了解；③部分独特的内容特征能引起用户的兴趣，使其可以进行转发、点赞或者评论；④用户产生兴趣后，便开始生产新的内容，再将其上传至个人平台以传播给下一位用户。

（二）抖音短视频旅游营销模式

1. AISAS 营销模式

AISAS 模型是消费者行为学领域很成熟的理论模型之一，被广泛用来研究消费者的行为过程。它由五个部分构成，即吸引用户注意、使用户产生兴趣、让用户进行搜索、让用户产生购买行动、让用户分享。

（1）吸引用户注意

抖音短视频是人们根据美学理念，把图画、音乐和文字经过加工后的作品。抖音上的内容涵盖旅行、生活、电影、舞蹈等各方面，每个人都能在抖音上发现自己的兴趣点。抖音平台上的很多短视频都具有故事性，因而能引起用户的心灵共振。抖音根据用户的观看记录、搜索记录，通过自己的精确算法，能向用户推送用户感兴趣的内容，进而成功引起用户的注意，甚至能保持较高的用户黏性。

（2）使用户产生兴趣

抖音短视频的内容无论涉及个人娱乐还是旅游、新闻、广告等，每条视频

---

① 柴铭，吴复爱. 从抖音看短视频对旅游营销的影响 [J]. 旅游纵览，2021（5）：99—101.

都包含着该视频的拍摄地点，位置的显示对旅游目的地的宣传是一种潜移默化的力量。用户在观看短视频的过程中会被抖音内容持续吸引，会对拍摄位置或者视频里面的环境产生兴趣，进而萌生前去体验的想法。同时，旅游营销是精神体验的营销，短视频里面人物表现出的高兴、优美的图画和醉人的音乐相互配合，让用户通过短视频就能感受到旅游目的地的乐趣，从而激发游客的兴趣。

（3）让用户进行搜索

用户对旅游目的地产生前去旅游的兴趣后，可以点击短视频上面显示的位置，了解目的地的更多视频内容、详细情况。① 或者用户可以通过搜索引擎、携程、电子地图等 App 对旅游目的地进一步进行了解，也可以通过评论功能查看旅游目的地的评论信息，和其他人交流旅游目的地的详细情况、旅游攻略等。抖音根据用户的观看爱好，通过自己的精确算法，向用户推送感兴趣的内容，免去了用户的搜索行为，强化了用户对旅游目的地的兴趣。

（4）让用户产生购买行动

用户对旅游目的地进行具体了解后，在可支配收入和空余时间满足的情况下，会通过旅行社、自驾游等形式前往旅游目的地进行旅游体验。

（5）让用户分享

用户到达旅游目的地后，有感于良好的精神体验和网红地"打卡"的心理，便会发布抖音短视频，在互联网上向他人分享，这无形中对旅游目的地起到宣传的作用。拥有 6 亿日活跃用户的抖音的传播力无疑是巨大的，能够有效提高该地点的游客量。

2. 体验营销模式

随着社会经济的飞速发展，人们的消费理念也从满足日常生活需求向注重消费体验的方向转变。在旅游消费领域，人们的消费理念也不只停留在购买旅游产品的层次上，而是更加注重旅游产品和服务在使用过程中带给自己的体验与感受。在享受旅游产品和享受服务的过程中，产品和服务所带来的良好体验与感受可以长期被保存在游客的记忆之中。高质量的旅游体验是旅游价值的重要体现，而旅游体验营销便是通过为游客提供旅游体验来满足游客的情感需求，从而实现旅游价值的重要方式。

旅游体验营销是从事旅游产品和服务开发经营的企业以满足游客的旅游体验为核心，以旅游产品和服务的营销推广为目的，为游客带来一系列有价值的

---

① 梁鹏浩. 抖音短视频在旅游营销中的运用 [J]. 合作经济与科技，2022（24）：70—72.

体验活动的新型营销方式。① 旅游体验营销运用文化、科技、艺术等手段赋予旅游产品和服务体验方面的功能和内涵，从而让游客在使用旅游产品和服务的过程中，拥有情感、审美、教育、娱乐等方面的主观感受和体验，通过实现游客对旅游产品和服务的情感认可来刺激其对旅游产品和服务的购买欲望。

抖音短视频可以把人们在旅游目的地的体验，以视频、音乐艺术化的形式展现出来，向外部传播，引起其他游客的注意，让游客产生旅游的兴趣，最终使游客搜索目的地信息，并前往目的地旅游体验，在抖音上分享自己的旅游体验。在用户观看和录制的行为过程中，由于抖音短视频的感染力、代入感、互动性等特点，用户在使用过程中会格外关注视频中介绍的内容，进而会产生效仿的行为。用户会向往视频中的旅游目的地，产生一系列体验的冲动，成为潜在消费者。

3. 内容创意营销模式

内容创意营销注重通过意境表达策略实现。意境表达策略可以很好地吸引用户，获得更多的粉丝。2020 年，洛阳老君山雪景短视频走红，仙女、蓝天白云、云海翻滚、远近景结合的视频全方位、立体地打造了一个"人间仙境老君山"的形象，搭配"远赴人间惊鸿宴，一睹人间盛世颜"的诗句，把老君山的雪景与中国神话中的天宫仙境联系起来，是一个很好的创意。用户在抖音刷到老君山后，在假期纷纷到老君山"打卡"，一度导致老君山景区周边交通堵塞。

（三）抖音短视频平台旅游营销策略

1. 举办形式多样的抖音赛事

抖音短视频与旅游营销的结合，重在更多的抖友参与。官方可开展不同的抖音大赛活动，特别是景点、景区更要立足旅游主战场，投入人力、物力、财力，鼓励更多自媒体参与营销、宣传。

短视频赛事活动的组织，成为旅游景点网络营销的重要方向。以抖音为例，抖音短视频所营造的媒介传播驱动，可以实现与众多潜在、现实游客之间的互动，增强旅游体验感，以吸引潜在游客和增加粉丝量的方式，提高旅游景点的知名度和美誉度。

2. 加强抖音短视频内容审核和管理

短视频内容质量参差不齐，要想达到推广旅游地的目的，就要对抖音平台的视频内容进行筛选和审核。一个优秀的短视频作品，不仅可以带来量化流

---

① 卡米来，杨静静. 旅游体验营销模式构建策略［J］. 旅游与摄影，2021（2）：25—26.

量，还可以带来更多忠实、留存性高的用户。结合视频画面内容和音乐的运用，配以相关性、话题性较强的文案，会给用户带来更加良好的体验。因此，抖音短视频内容审核和管理显得尤为重要。

首先，设置关键词，自动初步筛选敏感词汇，将具有敏感内容的视频进行封锁。

其次，设置专门的审核部门，利用人力人性化判断和审核发布的抖音短视频，将不合适的短视频"下架"处理或者进行限流操作。

最后，经常性地在抖音 App 上以本地区名称为关键词进行搜索，及时联系搜索到的负面、虚假等视频的发布人，要求其删除视频，以维护本地区的旅游形象。

3. 培育忠实粉丝社群，创新景区"热点"，强化舆论引导

在激烈的市场竞争下，吸引粉丝、形成稳定的粉丝群绝非易事。抖音在引导用户创作、培育粉丝上花了很多心思，比如，降低创作门槛、海量音乐曲库、便捷的剪辑和滤镜设置，力求让普通人也可以创作出有趣的内容，从而带动更多的人使用抖音，为其带来流量收益。

而旅游目的地在进行旅游营销时，也应当注重对粉丝社群的培育，使之转化为忠诚型消费者。营销人员应该用市场喜爱的方式与用户进行互动，对旅游景区、旅游产品进行符合受众审美的设计和宣传。

旅游企业要想维持游客的数量只增不减，除了对旅游营销方式进行升级以外，还需要不断挖掘旅游目的地的新特色，结合当地旅游资源、历史内涵、城市文化，为景区打造新的热点，开发更深层次的旅游产品。

4. 建立目的地、抖音平台、政府三方合作机制

抖音的"网红效应"带火了许多不知名的景点的发展，从而促进了当地旅游业的发展。因此，政府和旅游景区可以相互合作，通过抖音进行网络旅游营销，精心设计线下活动，创造与潜在消费者进行交流互动的机会。比如，政府可以与抖音平台进行合作，开展线下的抖音挑战赛、抖音旅游计划等活动，为旅游景区带来更多热度。与旅游景区、旅游企业合作，通过抖友上传的短视频参与比拼，能使旅游景区得到广泛的宣传推广，同时也能使其抓住机会，因地制宜，实现可持续发展。

5. 打造本土"网红"景点、达人，拓宽旅游营销渠道

旅游营销在与抖音短视频融合中，还要立足本土实际，积极培育和打造本土"网红"景点、"网红"达人。[①] 在短视频编辑、制作上，利用"魔性"设

---

① 刘中洁. 抖音短视频在旅游营销中的融合探讨［J］. 山西青年，2021（3）：151—152.

计，营造炫酷、潮流感；引入科技元素、艺术元素，制作旅游场景融合短视频，寻找本地具有专业水准的短视频拍摄团队，为景点、景区制作更具特色的短视频，以增强旅游营销的传播力。抖音短视频与旅游营销的融合，还要策划丰富的创意主题，丰富旅游内涵。当地旅游部门，要结合短视频传播特点，对旅游资源及旅游文化进行包装、设计。

四、云营销渠道

旅游机构与旅游从业者利用云计算技术搭建旅游云平台，为游客提供个性化的旅游数据的工作就是云营销工作。这样的一种营销方式也让旅游营销发生了巨大的变化，能使其从粗糙走向精致，从模糊走向准确。在未来，笔者相信，云计算技术、大数据技术、物联网技术等将会在智慧旅游发展中发挥重要作用，同时也能为游客提供更加丰富的旅游体验。

总而言之，在信息时代，智慧旅游营销的方式多种多样，旅游机构与旅游从业者除了可以利用传统的营销方式之外，还能利用虚拟旅游营销、云营销等方式来提升营销的质量，扩大旅游景区的影响范围。当然，不管是传统营销方式，还是基于信息技术的营销方式，在旅游产业发展的不同时期，其所发挥的作用都是不同的，其都各自有着自己的优势。对于旅游机构与旅游从业者来说，其采用什么样的营销方式，要根据旅游业实际的发展情况而定。

第三节　智慧旅游营销平台构建

一、智慧旅游营销平台概述

（一）智慧旅游营销平台的定义

智慧旅游营销平台是一种旅游机构与旅游从业者借助互联网、移动互联网等技术进行旅游资源整合与传播的营销平台。

（二）智慧旅游营销平台的功能

建立智慧旅游营销平台，能对智慧旅游主题发挥重要作用，不仅能让游客了解各种与旅游相关的信息，能让旅游企业进一步充实自己的旅游信息内容体系，更能让旅游目的地主管部门将自己的行政功能发挥出来。智慧旅游营销平台是一种汇聚了多种功能的平台，能促进各方的发展。大力建立智慧旅游营销平台是十分有必要的。

二、智慧旅游营销平台构建思路

智慧旅游体系包括许多内容，营销体系就是其中比较重要的一个部分。因此，对于旅游机构与旅游从业者来说，其必须正视旅游营销内容，并积极构建完善的智慧旅游营销平台。更为重要的是，相关部门与人士不仅可以利用互联网技术建立有效的信息化营销平台，而且还能借助这一平台扩大旅游目的地的影响范围，从而使游客能对旅游目的地有全面的了解，进而能为旅游目的地所吸引。这样，旅游景区就能完成对游客的营销。智慧旅游营销平台的构建工作应该主要由政府负责牵头，这能保证智慧旅游营销平台构建的科学性与合理性。同时，在建立完智慧旅游营销平台之后，政府还应该重视平台的后续维护工作，从而使智慧旅游营销平台提供的信息更加符合游客的需求。

（一）智慧旅游营销平台的目标

平台可以为游客提供多样的旅游服务，能让其利用平台上的搜索引擎获得丰富的旅游信息。在构建智慧营销平台的基础上，构建者应对现阶段使用的分销管理体系进行合理构建，同时，应该对旅游市场进行整体分析，建立更加具有竞争力的新型营销管理体系。另外，构建者还应该最大限度上扩大旅游经营的范围，探索更多的营销模式，实现营销绩效管理体系的合理构建，从而最大限度上激发旅游从业人员的积极性。

（二）智慧旅游营销平台的具体构建

智慧旅游营销平台主要由三部分组成，分别为数据库平台、信息发布平台、智能服务平台，这三个平台同时又包括各自的子平台。在智慧旅游营销平台上，旅游企业可以在与游客的交流与沟通中了解他们实际的旅游诉求，同时，还应该进一步开拓旅游市场，能对旅游市场中的各种资源进行有效的整理，从而使自身可以更好地为游客服务。（图6-2为智慧旅游营销平台）。

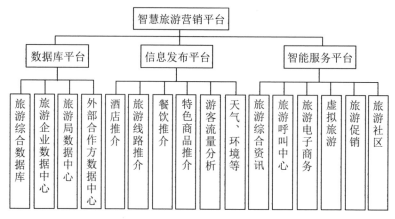

图 6-2 智慧旅游营销平台

三、智慧旅游营销平台构建策略

随着信息技术的进步，智慧旅游营销平台也应该紧跟时代步伐，将线下营销转变为"线上+线下"双平台营销，为游客提供线上服务。

（一）加强旅游网站建设

随着中国经济的发展，人们的生活水平不断提高，其精神层面的需求也越来越多，旅游经济正成为人们消费的主要方向。现在，游客外出旅游不仅局限于从旅游公司了解一些景区信息，其还可以从网络上了解旅游线路和景区的信息。旅游网站就成为各个旅行社与旅游胜地对外宣传不可或缺的手段。旅游网站的主要功能是展示景区风光和特色，发布景区相关信息。为了激发消费者的旅游动机、丰富消费者的旅游体验，旅游网站应当不断完善网站功能。

一是要尽可能展现景区魅力，在旅游网站加入景区 3D 实景图等，以图文并茂的方式，展现景区独特的风光，引导游客游玩。

二是要尽可能丰富用户体验。丰富用户体验的方式有很多，可以为消费者提供交通查询、酒店预订、景区订餐、购物地点查询和娱乐场所推荐等功能，将不同的信息服务整合到一个网站上，实现"二码合一"，即预约码、检票码。预约后游客就能前往景区，出示核销码即可快速入园；集合周边酒店，游客可通过小程序/App 预订酒店、进行位置导航、操作订单等，这种减少消费者查询信息的程序，方便游客以更少的时间、较低的价格提前做好行程规划，因而能提升用户体验。

三是要尽可能实现个性化营销。网站可以通过筛选功能为游客提供个性化推荐。例如，在游客初次登录网站时，网站可以通过几个注册问题了解游客的喜好和行为偏好，实现旅游产品的精准推送，为游客自定义行程路线，以节省游客在行程规划上的时间。

四是要尽可能加强游客与游客、游客与企业之间的沟通。网站可以单独开放游客论坛功能，让游客在论坛中交流旅游体验，同时，他们也推荐当地的美食和酒店，甚至为其他游客制定旅游攻略。游客可实时评价，反馈其真实想法、一键分享心情、一键投诉，这能使景区及时收集用户反馈，并不断完善服务。游客论坛功能不仅能够帮助企业收集游客反馈，还能促使游客自发形成景区文化圈子，为景区做宣传。

（二）加强线上营销

旅游业作为第三产业中的龙头行业，是提振消费的主力军，它的地位举足轻重且拥有强大的影响力。[①] 基于此，现代旅游企业需要充分把握行业发展趋势，寻找新动能，助推国内旅游行业发展。但采用什么样的营销模式才能提升各景区知名度，吸引消费者的注意力，激发消费者旅游动机，开创旅游营销新局面，已成为旅游企业急需关注和研究的热点。

信息时代，旅游营销的方式有很多，除了旅游网站之外，各大社交平台也是旅游行业营销的重点平台。社交平台有传播速度快、传播范围广、互动性强等诸多特点，是旅游营销的重要阵地。旅游企业可以通过微博、微信公众号、寻找网红代言等方式，借助粉丝力量，实现旅游信息的大规模传播。这种营销方式不仅具有高效的特点，还能加强游客、潜在游客和旅游企业之间的互动，极易形成旅游氛围，有效提高景区口碑，塑造景点文化形象。游客可在 App/小程序内购买想要的文创商品，他们扫码之后快递会自行将商品送到家，这能消除游客怕麻烦、带货游园累的顾虑，提升其二次消费率。

（三）实现营销平台的相互合作

游客了解旅游信息的渠道和途径有很多，加强多方平台的合作，可以有效拓宽游客了解旅游信息的渠道，扩大营销范围。例如，不少景区都会选择与美团、去哪儿、携程等平台进行合作，通过开屏广告、内置广告和旅游地机票优惠等方式，有效吸引潜在游客。

---

① 王睿，陈双双，王昕莱. 现代旅游营销模式研究 [J]. 旅游纵览，2022（9）：132—134.

第四节　智慧旅游营销策略探究

一、依托技术构建智慧化旅游场景

第一，依托技术优势，重构旅游营销生态。智慧技术广泛覆盖了旅游活动涉及的各环节，智慧旅游平台记录、收集用户的实时状态与个性诉求，能有效解决不同旅游数据之间的汇聚与共享问题，形成新的旅游营销生态。因此，在开展旅游营销时，企业可以通过构建科学、合理的旅游营销数据模型，借助可视化工具来展示旅游营销数据，营造开放、智慧的旅游营销生态圈。

第二，利用优势技术，重构旅游营销业态。面对大众新的旅游消费习惯，企业要充分发挥 5G+直播、5G+VR、抖音及快手等流媒体平台的作用，积极给游客提供智慧游客服务，应通过发挥智慧旅游平台的服务优势，精准吸引游客，高质量开展智慧营销活动，从而营造新的旅游营销业态。

第三，依托智慧技术，重构旅游营销形态。在智慧旅游环境下，随着语音助手、智慧服务机器人等设备应用的不断广泛，游客不再以被动的方式参与旅游活动，他们可以通过旅游前搜寻相关旅游信息，制定旅游攻略，在旅游过程中实时分享旅游信息，在旅游后反馈、评价或扩散旅游信息，这就形成了新的旅游传播形态。企业开展旅游营销活动时，要注重研判新的智慧技术特征，通过构建深度融合体系，更好地服务游客。

二、实现网络营销与传统营销结合

互联网营销是智慧旅游发展的必然趋势，将传统营销与互联网营销进行有效结合，才能够更好地满足游客的消费需求，为游客提供优质的旅游服务。

因此，旅游企业在采用互联网营销方式时，首先需要分析旅游企业的内外部发展情况，根据互联网营销需要投入的资金成本，选择合适的营销方案，解决当前互联网营销存在的不足之处。要想促进我国旅游市场的繁荣发展，企业就需要将网络营销与传统营销进行紧密结合，支持线上线下不同类型的付款方式，保证宣传材料的浏览率，扩大消费市场。

三、为用户提供人性化的旅游体验

智慧旅游遵循游客为核心的发展理念，通过建设智慧服务平台载体，重构旅游行业服务方式、管理思路与营销模式，实现旅游营销活动的最佳成效。[①]

一方面，企业要通过发挥物联网、云计算等技术优势，借助智慧服务终端设备，实时发布相关旅游信息，收集游客的反馈意见，事先收集、分析游客需求，给游客提供针对性的服务，实现旅游信息的智慧统筹与智能互享，充分满足大众多元化的旅游消费诉求。

另一方面，企业要借助智慧旅游平台，将各项要素统一纳入旅游发展框架，通过全面整合旅游项目信息，促进优质旅游资源的高效流动与合理配置；要充分发挥智慧技术在游客出游预约、消费引导等领域的作用，借助直播平台实时展现旅游项目亮点，以为游客创造虚拟、视觉体验，切实丰富大众的旅游体验。

四、打造专业性强的旅游市场营销品牌

企业要结合当前的旅游市场营销形式，设计出"微"营销方案，创新传统的市场营销手段，通过微博、微信等官方账号，与游客建立良好的互动关系，合理利用网络通信工具，完成对景区营销内容的宣传与推广。在旅游市场营销策略的基础上，企业应降低企业宣传成本，认真贯彻绿色环保的设计理念，采用"微"营销的方式提供基础旅游公共服务，创新传统的营销模式，斥展现旅游市场所具有的强大生命力。[②] 旅游景区当地的政府部门和社会旅游行业，需要顺应时代发展需求，开通官方宣传账号，但当前旅游官方账号的运营管理效果不理想，存在许多管理问题，如与游客之间的互动不足，平台提供的信息质量较低，等等。

政府要想解决一系列营销问题，就需要充分发挥其主导作用，可以聘请旅游行业的专家学者对旅游企业的专项负责人开展专题培训工作，使其改变传统的市场营销理念，由专人负责旅游企业微博的日常管理工作，以保证旅游宣传资讯的及时性。政府要打造专业的管理团队，参与区域旅游产品市场调研，在市场营销策略基础上寻求创新突破口，并不断推出具有吸引力的营销方案，形成具有良好口碑的企业文化，全面增强旅游企业的市场竞争力。同时，企业在旅游市场营销策略制定的过程中，要建立跟踪反馈机制，了解游客在旅游后所

① 谭莉，费文美. 智慧旅游环境下智慧营销模式的构建与应用 [J]. 质量与市场，2021 (13)：131—133.

② 庄雪球. 智慧旅游背景下旅游市场的营销策略创新 [J]. 科技资讯，2021 (26)：98—101.

获得的真实体验，及时发现当前旅游行业市场营销存在的主要问题，并制定出科学完善的旅游策略。

五、推动智慧旅游产业化发展

智慧技术、数字金融的不断应用，极大地拓展了旅游行业的发展空间，也为旅游行业高质量发展提供了全新动力。

首先，企业要将优质文旅资源统一纳入智慧旅游平台，在丰富旅游产品的基础上，通过引入 5G、AI 等技术，引入数字金融，完善售后服务体系，为开展智慧旅游营销提供多元化的支持体系，加强全产业链智慧化建设，以为游客提供旅游目的地信息展示、旅游产品购买、旅游服务预订等全链条服务。

其次，围绕智慧旅游平台的建设要求，旅游产业需要推动相关政府部门共享涉旅数据，以构建包含智慧数据支持、现代科技引领、经营业态创新和产业跨界融合等多功能业态在内的智慧旅游体系。分别旅游企业与政府需要一起设置旅游市场监管平台、旅游项目宣传推广平台和游客服务平台，为游客提供高质量的旅游服务，以构建全面覆盖的旅游智慧生态体系。

最后，政府和企业要积极拥抱智慧旅游环境，摆脱传统的旅游营销模式的束缚，通过正视游客的市场主导地位，建立高等级、文旅消费集聚区，加快培育高品质的新兴旅游消费项目，全面增强旅游景区的服务能力与市场吸引能力。

第七章　智慧旅游电子商务

旅游市场与电子商务有着天生的匹配优势，随着智能手机的普及，电子商务迅猛发展，旅游电子商务也随之迅速发展起来。本章主要探索智慧旅游电商。

第一节　智慧旅游电子商务运作模式

旅游企业利用互联网营销旅游产品来开展互联网旅游活动的方式就是智慧旅游电子商务运作模式。该模式包括许多不同的要素，各种要素之间可以相互影响、相互作用，共同促成了智慧旅游电子商务的发展。

一、B2C 智慧旅游电子商务模式

B2C 旅游电子商务模式就是我们一般所说的电子旅游零售，也就是旅游零售。在这种模式下，旅游企业可以向游客提供各种互联网旅游服务。游客利用互联网平台能获取更多的旅游目的地信息，同时还能结合自己的需要与经验制定旅游活动日程表。其实，旅游业是一种具有地域性、散客高度分散的行业。旅游 B2C 电子商务能极大地方便游客进行远程信息搜索、旅游产品预订等操作。与线下预订相比，线上预订更加便捷，甚至还能帮助游客节省旅游成本。

旅游 B2C 电子商务模式所能提供给游客的服务主要包括以下三种。

（一）信息查询服务

这是一种游客所能获取的基本服务，这种服务信息主要包括旅游景点信息、航班信息、酒店信息等。对于游客来说，这些信息都是其开展旅游活动的前提。只有了解了这些信息，他们才能明确自身对旅游的诉求。

(二) 在线预订服务

在线预订服务指的是旅游机构能给游客提供的能在线预订酒店、机票等的服务。这种服务能让游客最大限度上节省时间与金钱。

(三) 客户服务

这是一种旅游机构能够给游客提供针对性服务的服务形式。客户在享受这一服务时能直接与代理人表达自己的诉求，同时也能就旅游相关价格与代理人进行洽谈。

作为中国领先的在线旅游服务公司，携程网成功地整合高科技行业与传统旅游行业，向超过 1500 万会员提供酒店预订、机票预订、度假预订、商旅管理、特惠商户及旅游咨询在内的全方位旅行服务，实现了旅游产品的网上一站式服务，被誉为互联网与传统旅游无缝结合的典范。[①]

二、B2B 智慧旅游电子商务模式

对智慧旅游电子商务进行分析，就会发现，存在于其中的 B2B 交易主要包括以下几方面的内容。

第一，旅游企业间的产品代理，比如，民宿代订机票等。

第二，不同的旅行社可能会经营同一条线路，当出现不同旅行社的出团时间比较接近且每个团的人数不多的情况下，各大旅行社就可以在征得游客同意的前提下，将所有的团汇聚到一家旅行社，这能有效降低旅行社的运营成本。

第三，旅行社出于成本的考虑，会在预订酒店客房、景区门票方面采取批量化的模式。

第四，客源地组团社与目的地接地社之间形成的委托、支付关系。

智慧旅游中 B2B 的运营模式主要包括以上四方面的内容。这样的一种运营模式极大地提升了旅游企业之间的资源利用效率，同时也加深了旅游企业之间的了解，使其在融合中能获得规模化发展。根据不同的标准，B2B 的运营模式可分为不同的模式，以 B2B 交易平台的经营者为标准，可将其分为旅游网上交易市场和旅游网上商务。

三、O2O 智慧旅游电子商务模式

O2O 模式就是一种连接线上客源与线下消费的模式，它促进了实体经济

---

① 张月婷，闫静，荆耀霆. 旅游电子商务平台发展模式纵览 [J]. 旅游纵览，2023 (9)：184—187.

的发展，也满足了人们线上购物的需求。

在线上交易模式中，互联网是它的前台，消费者可以随心所欲地在互联网上获取自己需要的信息，想要的服务，当自己满意之后，其就能直接在互联网上结算费用；在线下交易模式中，消费者也能自主地选择商品，接受商家的服务。而当线上模式与线下模式结合起来之后，互联网就与线下平台产生了联系，成为线下交易的前台。线下企业老板就能利用线上资源招揽客户，同时，消费者也能利用线上平台进行服务的筛选，并直接在线上完成相关服务的费用结算。

O2O 模式表现出了多种多样的特点，其中，最为显著的特点就是推广的效果是有据可查的，这一模式中每一笔交易都有相应记录。不管是飞机票预订、酒店预订，还是各种门票预订，游客借助各种互联网平台都能实现。与传统的电子商务模式相比，O2O 电子商务模式不涉及物流配送问题，同时也不存在商品的质量问题，它最大的挑战其实就是消费者可能对它并不认可。但随着这一模式的发展，人们会越来越适应 O2O 模式。需要清楚的是，服务行业存在着许多不确定的因素，O2O 快速发展最大的影响因素就是服务的质量。其实，O2O 就是一种新型商业模式，它将虚拟经济与线下实体店面融合了起来，极大地促成了二者的发展。另外，人们也在 O2O 模式之下能切实感受到它给予人们的诸多便利。

O2O 模式对服务业来说是一种有着极大优势的模式，它的价格不高，能吸引游客，同时它还经常会释放一些打折信息，这些信息也能最大限度上吸引游客的注意力。O2O 模式是一种新型的商业模式，它的发展并不完善，仍然存在一些问题，比如，商家审核不到位可能会导致商品质量不达标等。但是O2O 的发展前景也是不可忽视的，除了冰山一角的团购有广阔的发展潜力，还有就是可以把商家（有实体店的）按地域进行划分，向着成为生活服务类折扣商城的形式发展。[①]

四、C2B 智慧旅游电子商务模式

旅游机构利用庞大的游客资源形成一个采购集团，从而改变旅游电子商务C2B 模式中用户一对一出现的弱势地位，这样，他们的利益就能得到保障，也能获得与大批发商一样的价格。

该模式的实现途径主要包括两条：第一，客户以团队的形式能主动与商家进行沟通与交流，从而在和谐的交流氛围中完成交易；第二，客户在某个网站

---

① 史姗姗. 智慧旅游管理与实践研究 [M]. 长春：吉林人民出版社，2022：83—85.

平台上聚集了人气，这导致商家不得不重视这个平台所具有的客户资源，也会主动地与平台达成合作，以吸引更多用户。

旅游 C2B 电子商务有着两种形式：第一种形式为反向拍卖。游客会结合过往的旅游经验以及当前这一线路的发展情况，给游客提供一个价格范围，再由旅游企业进行出价，出价的多少可以公开，也可以不公开。游客会根据旅游企业的具体出价选择对自己有利的企业；第二种形式为网上成团。游客设计出来旅游线路之后，其会将旅游线路发布到网上，从而吸引其他游客参与。当这条线路吸引了更多的游客之后，第一位发布这条线路的游客就能着手与旅行社洽谈合作，开始让旅行社安排行程、预订饭店等。这样，旅行者们就能获得相对比较优惠的价格。

依托信息技术，旅游 C2B 电子商务模式表现出了沟通面广、成本低的特点，尤其网上成团模式深受人们喜爱，传统的旅游模式已经无法满足游客的需求，他们追求的是个性化的旅游，旅游 C2B 电子商务模式恰恰能满足他们的两大需求，一个是个性化旅游，另一个是规模化旅游。

在旅游 C2B 电子商务模式下，凸显了游客的重要地位，他们的需求对于旅游企业来说更加重要。旅游企业只有了解了游客的实际需求，其才能在激烈的旅游市场中脱颖而出。

五、C2C 智慧旅游电子商务模式

中国电子商务发展非常繁荣，B2C 与 B2B 旅游电子商务模式已经相对比较成熟，但是与这两种模式相比，C2C 旅游电子商务模式的发展并不完善，还需要很长的一段路要走。C2C 模式的运营成本不高，因此，它在智慧旅游中有着不错的应用，甚至它已经受到了中小型旅游企业的青睐，成为其发展的有效利器。对中国 C2C 智慧旅游电子商务模式的形成与发展情况进行分析，可以发现，它主要可以分为以下两种模式。

（一）淘宝网店模式

中小型旅游企业或者个人在淘宝网上开设与旅游产业有关的网店，从而实现一定的营收，这样的一种模式就是淘宝网店模式。这一模式之下，商家主要利用淘宝网进行旅游商品的售卖、民俗产品的预订等。

（二）互助游模式

互助游模式是一种非常新颖的旅游模式，是人们的旅游需求不断增加的背景下涌现出来的模式。互助旅游可以实现游客旅游资源的互换，也能让全国各地的游客都能找到自己问题的解决方法。倘若个人经营者利用 C2C 模式可以取得不错的业绩，那么，其之后就能使用 B2C 模式。其实，从实际的情况来看，不少中小型旅游企业并不会局限于使用某一种模式，它们基于自己的发展，总是会在不同的平台上呈现与发展自己。

第二节　智慧旅游电子商务运行体系

智慧旅游电子商务运行体系主要由网络信息系统、电子支付体系、物流服务、电子商务服务商、旅游信息化组织、旅游目的地营销机构、旅游企业、游客、旅游电子商务规范和旅游产业经济环境等组成。

一、网络信息系统

网络信息系统是构建智慧旅游电子商务运行体系的前提，它不仅能给游客提供多样的旅游信息，也能让游客与旅游企业直接完成线上交易。旅游电子商务中涉及的许多要素都与网络信息系统有关，这里的要素主要指的是信息、资金等。一般来说，能支持旅游电子商务的网络信息系统主要包括以下三种。

（一）互联网

基于互联网的信息系统具备很多实用的功能，为旅游业务的开展提供很多便利。基于互联网的一些网络应用服务信息系统包括：电子邮件（E-mail）、邮件列表（mailing lists）、新闻组（News groups）、环球网（WWW）、聊天（chat）、公告栏（BBS）。

（二）Intranet

Intranet 是在互联网基础上发展起来的企业内部网，也称内联网。它在原有的局域网上附加一些特定的软件，将局域网与互联网连接起来，从而形成企业内部的虚拟网络。内部网与互联网最主要的区别在于内部网中的信息受到企业防火墙安全网点的保护，它只允许授权者介入内部 Web 网点，外部人员只有在许可条件下（如拥有访问密码，通过指定的 IP 等）才可进入企业内部网。

（三）EDI

EDI 电子商务，就是按照商定的协议，将商业文件标准化和格式化，并通过计算机网络，在商务伙伴的计算机网络系统之间进行数据交换和自动处理。

EDI 主要应用于旅游企业之间商务活动，其优势是：相对于传统的分销付款方式，EDI 大大节约了时间和费用；相对于互联网，EDI 较好地解决了安全保障问题。

另一方面，EDI 也存在如下劣势：EDI 必须租用 EDI 网络上的专线，即通过购买 VAN 服务才能实现，费用较高；EDI 需要专门的操作人员，需要业务伙伴也使用 EDI。

二、电子商务服务商

电子商务服务商是旅游电子商务的技术支持者。根据服务内容和层次的不同，可以将电子商务服务商分为两大类：一类是系统支持服务商，为旅游电子商务系统提供系统支持服务，为旅游电子商务参与方的网上商务活动提供技术和物质基础；另一类是专业的旅游行业电子商务平台运营商，它建设、运营旅游电子商务平台，为旅游企业、机构及游客之间提供沟通渠道、交易平台和相关服务。

（一）系统支持服务商

对于系统支持服务商，根据技术和应用层次的不同可分为三类。

1. 接入服务商，它主要提供互联网通信和线路租借服务。如我国电信企业中国电信、中国联通提供的线路租借服务。

2. 互联网服务提供商，它主要为旅游企业建立电子商务系统提供全面支持，旅游机构和游客上网时一般只通过 ISP 接入互联网，由 ISP 向 IAP 租借线路。

3. 应用服务系统提供商，它主要为旅游企业、旅游营销机构建设电子商务系统时提供系统解决方案。

（二）专业的旅游电子商务平台运营商

专业的旅游电子商务平台的特点是规模大、知名度高、访问量大，有巨大的用户群。一方面，它为旅游电子商务活动的实现提供信息系统支持和配套的资源管理服务，是旅游企业、旅游营销机构和游客之间信息沟通的技术基础；另一方面，它为网上旅游交易提供商务平台，是旅游市场主体间进行交易的商务活动基础。

旅游电子商务平台运营商为旅游企业提供的商务服务形式有三种：

一是面向游客的网上商城，它出租一些空间给旅游企业，帮助旅游企业制作介绍其产品和服务的页面，并负责客户管理、预订管理和支付管理等；

二是提供旅游企业间合作与交易的同业交易平台，通过搜集和整理旅游企业的供求信息，为供求双方提供一个开放的、自由的交易平台，并提供供求信息发布和管理服务；

三是提供旅游产品拍卖中介服务。旅游电子商务平台运营商不直接参与网上旅游商务活动。

三、旅游信息化组织

旅游信息化组织是旅游电子商务的推进者和规范者。

（一）旅游信息化组织的职能

旅游电子商务在行业内的普及需要有专业的、广泛服务于行业的引导者、服务者、推动者、规范者。这些工作通常由政府旅游管理部门和旅游信息化方面的专业性机构来完成，在这里统称为旅游信息化组织。

旅游信息化组织职能包括以下几个方面：推动旅游营销机构和旅游企业更好地在智慧旅游电子商务运行体系中发展，从先进的、新的通信技术中获益；推进旅游电子商务标准化；制定旅游网络营销政策法规。

（二）主要的旅游信息化组织

目前，国际和国内主要的旅游信息化组织包括以下几种类型。

1. 开放旅游联盟，又名国际旅游信息标准化组织。它为服务于电子分销供应链的各公司提供一个统一联盟，各成员共同致力于构建一整套电子信息标准体系，使供应商、分销商与交易伙伴之间能够使用同一种语言进行交流。

2. 政府旅游业信息化机构和信息化工程。如全球智慧城市与产业联盟、国际智慧旅游创新联盟、中国智慧酒店联盟、中国智慧景区联盟、智慧旅游城市联盟、中国智慧旅游联盟等。

3. 其他组织。在国外，也有通过系统规划建设旅游业电子商务平台，带动旅游企业信息化的电子商务工程实践案例，如欧洲的旅游业开放网络工程。

四、支付、物流

支付、物流是旅游电子商务实现的重要支持系统，主要包括支付结算体系、物流配送体系。[①]

---

① 黄莺. 新时代旅游电子商务发展的问题与对策 [J]. 全国流通经济，2023（19）：137—140.

（一）支付结算体系

网上支付是指电子交易的当事人，包括消费者、厂商和金融机构，使用安全电子支付手段通过网络进行的货币支付或现金流转。

支付结算是实现网上交易很重要的一环，关系到购买方的信用、按时支付、旅游产品的销售方能否按时回收资金并促进企业经营良性循环的问题。

网上支付系统主要包括电子钱包、电子通道、电子银行、认证机构。

我国支付体系建设虽然取得了巨大的成绩，但与社会经济发展的现实需要以及支付领域的国际标准相比，尚存在着一定差距，而且发展尚不均衡，主要表现在以下两个方面：

1. 支付体系本身各个要素特别是大额支付与零售支付之间发展不均衡，我国大额支付系统设计先进、功能完善，接近或达到国际先进水平，但零售支付领域发展相对滞后。

2. 城市支付服务与农村支付服务之间不均衡，我国在完善支付系统等金融基础设施、完善人民币跨境贸易结算的支付清算机制、支付监管和人民币跨境支付清算体系等方面还需进一步努力，同时还需建立符合我国国情的现代支付体系管理体制，从体制上完善支付体系。

（二）物流配送体系

在旅游电子商务环境下，相关旅游企业应建立健全旅游商品物流体系的完整架构，服务客户需要。该物流体系主要包括旅游商品展销系统、旅游商品运输和仓储系统、现代化物流信息系统和递送网络四个子系统。

对于开展旅游电子商务的企业而言，有两种途径管理和控制物流：一种是利用自己的力量建立物流系统；一种是通过选择合作伙伴，利用专业的物流公司（快递公司）提供票据递送服务。

五、电子商务规范

规范是对重复性事物和概念所做的统一规定，它以科学、技术和经验的综合成果为基础，以促进最大社会效益和获得最佳秩序为目的。

电子商务规范是电子商务活动的各种标准、协议、技术范本、政府文件、法律文书等的集合，其中以标准最为重要。

注意，电子商务规范的绝大多数内容是以标准的形式存在的，有时规范指的就是标准，而标准也往往被称作规范，两者在许多场合相互混用，并无明显的差异和界定。从某种程度上讲，规范化是推动电子商务社会化发展的关键，其作用表现在以下几个方面：

    1. 电子商务规范是电子商务整体框架的重要组成部分；

    2. 电子商务规范为实现电子商务提供了统一平台；

    3. 电子商务规范是电子商务的基本安全屏障；

    4. 电子商务规范关系到国家的安全及经济利益。

第三节　智慧旅游电子商务竞争力提升策略

一、我国智慧旅游电子商务发展现状分析

（一）智慧旅游电子商务平台发展现状

我国传统旅游行业和电子商务深度融合，大批旅游电商兴起。旅游电子商务的发展促进了旅游行业的转型和升级，实现了旅游市场资源的深度整合和开发，一方面增加了资源的经济效益，另一方面为客户提供更优质和便捷的旅游产品及相关服务，带动了电子旅游市场的发展。目前中国国内的主流智慧旅游电子商务平台有携程、飞猪、去哪儿、同程艺龙和途牛等，2014 年以来，携程先后参股或收购了途牛、同程、艺龙、去哪儿等智慧旅游电子商务平台，在旅游电子商务领域形成携程、飞猪和美团三大平台角逐的格局。

这些智慧旅游电子商务平台实现了在线旅游信息的整合和导航，包括交通预订、旅游新闻、货币兑换、旅游目的地人文信息、景点信息、交通路线规划等，还可以在线销售旅游产品或服务，包括车票、船票、机票、景点门票、汽车租赁服务费用、酒店住宿费用的支付，另外，智慧旅游电子商务平台为游客提供个性化定制服务，顾客可结合自己的经济水平、出行时间等因素规划个人出行路线，并且可以在线分享旅游体验，也可参照他人的在线评价。这种个人深度体验尤其受到年轻人的偏爱，随着年轻消费力量不断崛起，年轻人已经成为旅游消费主力。

（二）中国智慧旅游电子商务发展局限性

随着旅游电子商务的快速发展，涌现出一批具有服务实力的智慧旅游电子商务平台，旅游企业之间竞争非常激烈，同时，旅游消费者的需求呈现多样化的特点，中国旅游电子商务存在的不足之处凸显出来。

1. 平台交流机制不高效

消费者与智慧旅游电子商务平台尚未建立高效的交流机制。随着大数据、移动化、智能化和云计算为主要技术表现形式的"互联网+"时代的到来，市场对旅游服务提出更高的要求，如何为旅游消费者提供高品质的旅游服务，满足其个性化、多样化的服务需求，是旅游电子商务企业普遍面临的难题。①

2. 企业一体化程度低

一体化的发展受到众多企业的重视，但中国的旅游电商企业在一体化方面的发展存在不足，部分旅游企业未将产业链中具有竞争力的环节扩展到整个产业链中。相比之下，欧洲旅游企业的一体化程度具有大而广的特点，并且市场竞争力强。网络运营商应充分利用网络经济的发展特点，不断向酒店、交通、医疗等领域渗透，将旅游产业链的各个环节融入企业内部，进而提升企业一体化程度。

3. 平台监管力度不到位

各个智慧旅游电子商务平台尚未建立统一的管理标准，市场客体体系不健全，政策和法律急需完善。随着智慧旅游电子商务平台的发展，旅游产品或服务的销售渠道不再单一，经销商和网络运营商可以通过降低价格的营销策略吸引客户，获得市场份额，但由于相应的监管力度不足，智慧旅游电子商务平台不能保证消费者个人账户信息的安全，旅游消费者经常收到营销电话或者短信的骚扰，影响消费者参与旅游电子商务的积极性，一定程度上阻碍了旅游电子商务的发展进程。

(三) 中国智慧旅游电子商务发展趋势分析

"互联网+"时代下，旅游电子商务的发展呈现出了新的发展趋势，谁能够跟上新的趋势，就可以最快实现电子商务平台的变革，获取更多的用户，在现如今激烈的市场竞争中实现新的发展。具体来看，旅游电子商务的发展趋势主要体现在如下四个方面。

1. 管理变革

"互联网+"时代下，智慧旅游电子商务平台必须基于当前的社会形势和消费者的需求来开展管理，传统的旅行社管理模式已经不能适应互联网时代和社会的发展。而管理的变革必然是体系和模式的变革，想要实现管理变革，提高管理效率，实现互联网电子商务平台的更好发展，需要旅游企业相关负责人改革自己的管理思路，形成互联网思路。在刚刚兴起智慧旅游电子商务平台时，智慧旅游电子商务平台上出现过一些虚假消息、购物团等，影响了消费者

---

① 兰楠. 浅谈旅游电子商务发展 [J]. 广东蚕业，2020，54 (1): 63—64.

对智慧旅游电子商务平台的判断和印象。现如今，在智慧旅游电子商务平台的发展新趋势下，政府应对旅游乱象进行整治管理，提高智慧旅游电子商务平台的可信度。

2. 营销推广

在网络时代，智慧旅游电子商务平台也需要进行营销推广，因为互联网电子商务平台之间的竞争本身就很激烈，所有的智慧旅游电子商务平台都在不断地修炼"内功"，提升自己的形象，吸引更多的用户，实现更多的交易量。而用户在面对诸多不同的智慧旅游电子商务平台时就可以根据自己的需求来进行选择。智慧旅游电子商务平台就必须顺应时代发展趋势，找到自己的营销点，进行相应的营销推广。这种营销方式的变革也涉及多个方面，包括营销思路、营销手段、营销过程、营销内容以及营销渠道等，这些方面变革后形成了新的互联网营销体系。以营销渠道为例，智慧旅游电子商务平台所进行的营销属于多渠道的营销，其不仅在互联网平台上进行自我营销，还借助传统电视媒体以及互联网影音媒体等进行营销，甚至借助微信朋友圈、微信群进行轰炸式的营销，同时还形成了线上线下相结合的营销模式，这种全面、多元的营销方式让很多智慧旅游电子商务平台品牌深入人心。

3. 销售支付

支付宝支付以及微信钱包支付形式的推广推进了智慧旅游电子商务平台的销售支付变革。传统的电子商务平台中可能必须依托于电子银行进行支付，但是现在，只要有支付宝或者是微信账户就能够实现支付，支付页面可以直接链接到消费者的支付账户上，也可以生成支付二维码，手机扫一扫就可以支付。所以，在网络发展趋势下，智慧旅游电子商务平台的销售模式和支付手段的变革是十分明显的。由于支付方式的变化，其销售模式也发生了一定的变化。智慧旅游电子商务平台上的产品都可以通过发送链接的方式来进行销售，也可以借助一些微信小程序来进行销售，所以智慧旅游电子商务平台中产品的辐射面可以变得更广。

4. 人才转变

旅游电子商务的发展趋势还体现在人才需求转变这一方面。传统的旅游行业中所需要的人才是导游人才和销售人才，但是在智慧旅游电子商务平台的发展和变革中，其需要更多的营销推广人才、网页设计人才以及大数据分析人才等，将这些人才纳入到智慧旅游电子商务平台中之后，才能够推动智慧旅游电子商务平台的进一步发展，提升智慧旅游电子商务平台的市场竞争力。现如今，很多智慧旅游电子商务平台为了更好地发展，都已经转变了人才发展思路，开始引进一些新型的互联网人才，开始创新平台发展模式。

二、智慧旅游电子商务竞争力影响因素

(一) 基础资源

基础资源由景点资源和社会资源两部分组成。景点资源是旅游业发展的基础,旅游企业把具有美丽自然风光和悠久文化内涵的旅游项目进行包装,并以不同方式展现给游客,给游客带来不一样的旅游体验。社会资源是一个地区智慧旅游电子商务发展的重要组成部分,它包括旅游消费者的数量和质量、电子商务平台的功能、高等院校的数量和相关人才输出量、旅游从业人员的专业素养等。它们共同构成旅游目的地智慧旅游电子商务竞争力的基础资源。

(二) 政府参与

智慧旅游电子商务作为新兴产业,给传统的旅游电子商务带来新的契机。政府的支持与引导会加速促进智慧旅游电子商务的发展,主要表现在三方面:一是政府对中小型旅游企业智慧旅游电子商务的资金支持力度;二是政府对智慧旅游电子商务相关法规的制定和完善;三是政府为推广智慧旅游电子商务对公众消费方式的引导,各地级市政府电子管理平台建设的支持。

(三) 企业实力

旅游企业要从被动等客变为主动拉客,必须发展智慧旅游电子商务,增强企业竞争力。这就要求旅游企业要拥有质量过硬的网络平台,创新网站建设,准确进行市场定位,及时推出针对性的旅游产品,满足游客的旅游需求,同时还要提高智慧旅游电子商务的安全系数,保证消费者的消费安全。

(四) 技术支持

智慧旅游电子商务作为新科技下的产物,必然离不开高新技术的支持。旅游网站的建设与维护、智能技术的研究和发布等都离不开熟悉智慧旅游与旅游电子商务的相关复合型专业人才。技术支持实质上是智慧旅游电子商务的相关专业人才的支持。

三、智慧旅游电子商务竞争力提升的对策

(一) 政府部门加大智慧旅游电子商务参与力度

政府应继续加大对智慧旅游电子商务的参与力度,倡导各地级市根据各地

资源情况建设和完善本地旅游网站，将旅游资讯网与电子政务相结合，丰富网站功能。同时，政府还可建立全省性的智慧旅游电子商务交易平台，对全省旅游景区人数、酒店入住率、城市接待游客总数等智慧旅游实时数据进行收集，从而更好地宏观监督调控旅游市场，促进智慧旅游电子商务的发展。

（二）政府部门扶持中小型智慧旅游电子商务企业

在我国智慧旅游电子商务的企业中，中小型旅游企业占据了主体地位。要想扩大智慧旅游电子商务的规模和影响力，政府应给予中小旅游企业资金、技术和政策支持，不断增加信用贷款额度、延长贷款还款期限、减少税务征收、输入技术人才、提供技术指导等。以此保证中小旅游企业的建站数量和质量，提升智慧旅游电子商务竞争力。

（三）政府部门改善智慧旅游电子商务发展环境

智慧旅游电子商务的健康发展需要相关环境条件的支持。政府相关部门应确立智慧旅游电子商务行业标准，制定智慧旅游电子商务行业管理条例，完善有关智慧旅游电子商务的法律法规，对智慧旅游电子商务的发展进行监督和管理，为智慧旅游电子商务的发展提供法律支持和保障。同时，政府还应针对网络交易的安全问题出台相关法规，保护旅游消费者的个人信息和财产安全，保障消费者合法权益。

（四）旅游企业创新智慧旅游电子商务网站建设

智慧旅游电子商务竞争力的提升离不开智慧旅游电子商务网站的建设与创新。旅游企业在建设网站之初应对旅游市场进行调查研究，进行市场细分，明确市场定位。实力较强的旅游企业要充分发挥自身优势，利用自身资源和科技水平，建设高质量的智慧旅游电子商务平台。实力较弱的中小型旅游企业在完善自身网站建设的同时，要学会创新营销方式，通过链接利用第三方平台来丰富自身网站功能，为游客提供更多便捷，吸引更多旅游消费者。

（五）旅游企业要提高智慧旅游电子商务的服务质量

旅游企业在提高智慧旅游电子商务的服务质量时，首先，要树立正确的服务意识；其次，要摆脱与旅游消费者之间单纯的资金与信息的交互流通。旅游企业应保证在售前、售中、售后都能与消费者保持实时互动，并能及时解决问题。同时，在做好网络销售的基础上还应完善旅游产品的售后服务，例如，可以在网站设立专门的板块进行售后服务、增设客户投诉，以提高旅游企业智慧旅游电子商务的服务质量。[①]

（六）政府部门和旅游企业要培养智慧旅游电子商务的相关人才

智慧旅游电子商务的发展以高新科技为依托，以高素质人才为保障。只有培育出充足的智慧旅游电子商务的相关人才，才能保证智慧旅游电子商务的长足发展。因此，政府要积极引导高等院校开设智慧旅游电子商务的相关专业，保证高等院校每年相关人才的输出量；旅游企业在招纳新型技术人才为企业注入新鲜血液的同时也要通过升职、加薪等方式加强对老员工的技术教学和培训，调动员工积极性，为企业培养顺应时代发展的高素质人才。

随着智慧旅游相关技术的不断普及，智慧旅游电子商务在旅游业发展中的重要性将不断增强。把智慧旅游与旅游电子商务相结合，提升智慧旅游电子商务的竞争力，将在促进城市旅游发展方面发挥着越来越重要的作用。政府部门和旅游企业应该顺应时代潮流，利用智慧旅游相关技术为游客提供更智能的服务，实现旅游智慧化，促进城市旅游的长足稳定发展。

第四节　智慧旅游电子商务人才培养路径探究

一、智慧旅游电子商务人才培养的现状

智慧旅游电子商务是一个"复合型"的概念，因此智慧旅游电子商务的从业者不仅要具备较全面的电子商务相关知识和实际操作能力，还要深谙旅游市场的运作，要具有旅游市场营销的能力，同时也应当具有一定的创新能力。基于此，对于智慧旅游电子商务人才的培养需要遵循"多元化"的教育架构体系。但如今旅游市场与智慧旅游电子商务人才存在供需矛盾，我国诸多高校也开始着力培养智慧旅游电子商务人才，但由于对新兴产业的人才培养缺乏足够的经验，在人才培养上存在着些许问题。

（一）缺少专门的智慧旅游电子商务专业方向

智慧旅游电子商务是一个"复合型"产业，智慧旅游电子商务的从业者也应该是复合型、全面型人才。如果要培养适合整个产业流程的全面型人才，

---

① 李艳鹏. 中国旅游电子商务发展现状与对策研究 ［J］. 现代商贸工业，2019，40（5）：45—46.

会导致在人才培养中出现泛而不精、方向不准确、定位不明确的不良后果。

当前许多高校在智慧旅游电子商务人才培养上都出现没有专门的智慧旅游电子商务专业方向或方向不明确的问题。各高校为拓展学生的就业渠道，普遍采取"宽口径，厚基础"的培养模式，多强调电子商务的共性，而忽略了具体行业的专业性，也导致课程安排的合理化不足。据了解，如今我国的本科高校在安排智慧旅游电子商务的课程时，只是注重了计算机类、管理类、旅游类的知识，而这些知识的结合和综合能力的应用做得不够好。这也给学生学习造成了负担，学生缺乏学习的方向性、系统性。

(二) 人才供给与市场需求脱节

蓬勃发展的智慧旅游电子商务与当今的人才需求存在着矛盾，智慧旅游电子商务人才的培养规模与飞速发展的智慧旅游电子商务规模不匹配。首先，人才培养数量不足，如今的智慧旅游电子商务对人才的需求日益增加，而智慧旅游电子商务人才的培养数量并没有增加。其次，人才培养的层次没有达到市场的要求。全面型人才培养得不到位，过于注重技术或者理论，没有实现智慧旅游电子商务人才从"单一型"人才到"复合型"人才的转变，致使大部分相关专业的学生毕业后在旅游业只是从事一些相对层次比较低的职业。

(三) 市面教材实用性不高

智慧旅游电子商务人才所要求的基本能力包括拥有扎实的旅游行业相关知识、有熟练的运用电子商务的能力、具备市场营销和市场管理的能力，并能够完成网站的建设、运营和管理。在个人素质方面，要有较高的旅游综合素质、职业素养和业务素质。当今市面上针对旅游行业的教材更多的是偏理论性，实践性的内容太少。如今网络在飞速发展，智慧旅游电子商务会随时出现各种新模式，但教材的更新速度没有跟上发展的潮流。同时有的教材缺乏新颖性，没有具体分析问题、解决问题的方法，教材内容与企业实际工作内容存在着偏差。因此，需要对智慧旅游电子商务人才培养进行改革。

二、智慧旅游电子商务人才应具备的基本能力

(一) 旅游企业信息化建设能力

智慧旅游电子商务不仅是指通过网络发布旅游信息、进行宣传促销和电子交易，也包括旅游企业内部流程的电子化和管理信息系统的应用。旅游企业信息化建设能力要求专业人才能够撰写基本旅游网站建设方案，并掌握网站的建

设流程。具体包括网站形象定位、网站信息表现形式和业务流程的制定等。①

（二）智慧旅游电子商务应用技能

智慧旅游电子商务应用技能是指专业人才对旅行社、旅游景点景区、酒店宾馆等企业电子商务运作的了解和学习。具体包括在线旅游服务商、目的地营销系统、渠道与电子分销系统的应用和学习。

（三）智慧旅游电子商务网络营销能力

智慧旅游电子商务网络营销能力是实践教学的核心部分，主要包括旅游网站的网络营销和旅游产品的网络营销。旅游网站的网络营销是指通过利用电子邮件、论坛、搜索引擎、博客等网络工具开展网络推广和宣传。旅游产品的网络营销是对旅游产品的展示、设计及营销策划等。

三、智慧旅游电子商务人才培养的路径

旅游业要想真正发展智慧旅游电子商务，旅游电商人才的培养是重要条件之一，因此，旅游业需要制订出新的旅游人才培养计划，培养出既懂旅游专业知识，又通网络、计算机、适合当今社会发展需要的复合型人才。

（一）高校加强旅游专业建设

高校要根据智慧旅游电子商务的需求，积极培养复合型的智慧旅游电子商务专业人才高校人才培养定位要准，学生不仅要掌握旅游相关知识，还要掌握先进的电子商务知识，具有较强的实践操作能力；同时，高校要积极与旅游企业联合，建立人才实践基地，培养实践性和创新性的信息化人才。②

高校要增强实践教学环节。旅游专业在旅游人才培养上更强调以市场为导向设计课程体系、研究课程内容，注重建立以"能力为中心"的培养模式，注重课堂教学与实践教学的结合。在教学过程中，高校可以模拟旅游企业的实际工作流程，将旅游企业对旅游企业、旅游企业对个人的操作过程和环节，通过角色转变清晰直观地表现出来，使学生在课堂上能够在仿真的环境中，掌握智慧旅游电子商务的实际过程。还可以让学生以游客、旅游企业、银行、交通

---

① 陈文，李春燕. 基于供需分析的电子商务人才培养模式改革研究［J］. 经济与社会发展研究，2023（11）：157—160，282.

② 王天擎，肖健华. 应用型本科高校电子商务人才培养模式探索［J］. 大学教育，2019（4）：142—145.

部门等不同身份在一个仿真环境中进行实际操作，使学生在完成各项具体工作的同时也可以建立起完整的知识框架；例如数据在各个应用系统是怎样产生的，在通信网络中是怎样传送的，相关机构是如何协调工作的等等。学生可以在网上一边操作，一边学习智慧旅游电子商务方面的业务。

此外，可以根据实际情况构建智慧旅游电子商务实验室。由于不同的旅游企业的内部结构、管理体系不尽相同，现有的旅游管理系统软件费用极高，这些对于学生的使用并不方便。因此，实验室的建设对于旅游专业课程设置的开展、学生对课程的接收是非常重要的，也是解决学生实习实训的一个重要途径。在实验室里创建一个智慧旅游电子商务的工作环境，安装一系列有关智慧旅游电子商务方面的模拟教学软件，通过对教学模拟软件的操作，不但保证有关课程的教学和实施，并且可以很好地提高学生的动手能力，增强学生的学习兴趣。学生还可以自建旅游网站，让学生自己开发、建设、维护使用旅游网站，可促进学生网络知识的学习。

（二）政府宏观调控，注重智慧旅游电子商务的法律体系的强化

自1998年以来，我国相继出台了一系列的电子商务管理法规，但整体电子商务政策法律框架尚未建立，智慧旅游电子商务相关的法律法规基本处于空白状态。因此，政府要强化宏观调控功能，注重研究智慧旅游电子商务的有关操作规范，加强相关法律体系的建设，保证智慧旅游电子商务的顺利运作，为企业开展电子商务创造良好的金融和法律环境。

（三）加快制定智慧旅游电子商务行业标准，建立准入制度

1. 标准化是IT时代的特征之一，政府相关部门和行业协会要大力合作，发挥行业协会的民间组织作用，推动全国旅游资源的整合，加快智慧旅游电子商务的标准体系建设，使旅游企业内部信息系统与智慧旅游电子商务平台之间、旅游业与银行、海关、公安的信息系统之间能实现互联互通，建立一个全国范围的、完整的大智慧旅游电子商务系统。

2. 企业只有在通过相关部门营业执照等的鉴定之后，才可以建立电子商务网站，这样一方面保护了合法旅游电商企业经营的权益，另一方面也限制了一些不合法地提供旅游服务的团体及个人开展智慧旅游电子商务，保障了游客的权益。

（四）建立不同的经营模式，开展个性化服务

1. 根据各自旅游网站的模式与规模，建立不同的经营模式。每一个智慧

旅游电子商务企业都应该结合其自身的条件走适合自己的发展道路。大型的旅游网站基于其规模大、知名度高、用户群庞大等特点，可立足旅游信息收集处理的基本点，向虚拟旅游交易市场转型，成为在线旅游中介商；小型旅游网站可根据其特色服务吸引特定的用户群，或立足地方旅游信息资源的开发利用，或成为地方性的旅游中介商，成为大型旅游网站的合作伙伴等，以便为消费者提供更周到的服务。

2. 因为服务业具有个性化、多元化、细化的特征，智慧旅游电子商务面对的需求也是多元化和个性化的。开展适应各种需求的服务，是智慧旅游电子商务生存和发展的必经之路。企业可以通过客户关系管理获得客户资料及有价值的市场信息，并以此为依据，设计出具有特色的旅游产品和服务，比如借助网络资源，通过让游客自己做主，设计旅游线路、制造旅游产品，满足消费者个性化、多元化的消费需求。

（五）提升创新发展的信息服务水平和管理水平

具有创新性的商业模式将会吸引更多的"跟进式竞争者"，这些竞争者通过竞争创造更加迎合市场需求的创新策略，对创新者的优势地位发起挑战，这就需要创新者不仅要依托既有的核心竞争力，更要通过提升创新发展的信息服务水平和管理水平获取动态竞争力。在线旅游企业应及时了解和跟踪旅游服务的最新动向，对共性信息资源进行收集与整理，并通过高效、快捷的信息网络系统及时为客户服务。要注意的是，企业信息服务体系不只是简单地模拟传统管理方式，而是要对传统管理的业务流程进行再造，构建扎实的企业管理基础，建立良好的管理规范和流程，实行科学的管理，提高企业整体管理水平。

第八章　智慧旅游运营

智慧旅游是新时代下旅游产业发展的产物，是适应旅游产业转型升级和满足游客个性化体验需求的必然要求。当前，许多城市已经开展了智慧旅游的建设，但在智慧旅游运营问题上的探讨还存在不足，迫切需要加强对旅游运营模式的理论研究。据此，笔者分析了智慧旅游运营主体、在线旅游行业智慧化运营以及智慧旅游公共服务平台运营相关问题，以便为我国智慧旅游运营提供借鉴。

第一节　智慧旅行社运营

一、智慧旅行社的含义

智慧旅行社是旅行社将旅游资源的组织、游客的招揽和安排、旅游产品开发销售和旅游服务等涉及的各项业务及流程信息化、在线化以及智能化，实现高效、便捷和低成本规模化运行的旅行社种类。智慧旅行社可以增强旅行行业的核心竞争力，进一步丰富旅游产品业态，推出适应大众的旅游消费新需求新特征的产品。

智慧旅行社利用物联网、云计算、虚拟现实、互联网等技术并结合现代企业管理、经济学等综合性学科，通过应用创新满足游客体验需求，实现管理创新水平提升，提高企业经营能力水平，促进政府职能转变，促使生态、文化、经济发展水平提升，实现旅游产业持续发展。

二、智慧旅行社运营的意义

智慧旅行社客观上修正了传统旅游产业模式出现的供需不平衡、旅游淡旺季、"零负团费"现象等瓶颈问题，加速了传统旅游行业和智慧旅行社的整合，降低了交易成本，削弱了旅行社信息垄断力量，提高了旅行运营的效率，更好地满足了游客个性化、多样化与网络化的要求。当然，传统旅行社的产品制造及后端服务是线上旅行企业无法取代的，而线上旅行企业的分销功能及产品多样化也是传统旅行社无法做到的。因此，智慧旅行社需要结合线上线下旅行社的优点，以客户需要为核心，以提高旅游服务水平和服务质量为根本。

智慧旅行社可以实时掌控境内外团队及导游领队、导游轨迹等跟踪信息，并随时对带团质量进行监控，进行游客咨询管理，及时对游客的意见进行反馈处理，为旅游服务品质和导游领队评级定薪提供依据。智慧旅行社系统构建了门票预订分销平台、业务流程平台、在线预订电子商务网站、呼叫中心与会员管理。①

智慧旅行社拥有旅行设计平台，专门为旅游出行用户进行路线设计，提供定制服务。旅行设计师和旅行服务商可以通过网络发布服务和旅游产品，打造旅行定制环境，减少中间环节，构建一个旅行路线设计与预订的自媒体生态系统。游客也可以通过智慧旅行社提供的定制化服务获得自助选配的旅行方案。相较于传统旅行社，智慧旅行社由旅行设计师精心策划，其每条旅游路线都可以量身定制。智慧旅行社通过互联网与大数据将经营触角伸向上游交通和下游客户终端，集中优势资源，实现规模化、范围化经营。游客的智慧旅行需要随时上网、通讯、交通、购物、数据存储、充电续航、签署电子旅游合同等方面的保障。智慧旅行社服务主要包括在线智能审批与电子合同签名，实时监管团队动态，旅游突发事件预警预案，在线支付，出险救援，多语种服务。例如，目前市场上的专车服务，就是利用移动互联网和大数据技术，创新交通出行服务模式，搭建起旅游用车的信息服务平台，满足游客多元化出行需求的服务。

三、智慧旅行社运营的路径

（一）智慧旅行社运营要符合政府导向

智慧旅行社要掌握旅游市场的动态和行业发展的趋势，根据政府的政策进行科学决策，保证自身的运营发展不脱离轨道。

（二）实现一体化和连锁化经营，转变智慧旅行社服务理念

智慧旅行社要实现一体化和连锁化经营。例如，途牛旅游网在短短数年就

---

① 陈薇. 大数据时代智慧旅游管理与服务 ［M］. 北京：中华工商联合出版社有限责任公司，2021：99—100，132.

扩展到多家分公司。游客无论来自哪里，是从网站上预订，还是通过呼叫中心，或是到途牛旅游网各地的门店，其所购买的产品和价格都是一致的。这就是智慧旅行社成功实现一体化和连锁化经营的案例。对于游客来说，其可以更加清晰地了解自己的行程和安排，这使游客消费更加透明。因此，实现一体化和连锁化经营的智慧旅行社建设是有利于旅行社发展的。

旅游行业在我国是一个新兴的服务行业。游客体验是旅游活动中的重要组成部分。智慧旅行社应当转变自身服务理念，以改善游客的体验为中心。游客通过利用旅游活动中的各种服务功能，可以获得丰富的体验。游客可以将旅游过程中产生的意见反馈在智慧旅游系统中，使旅行社可以依托系统完善服务措施，对服务方式进行改善。智慧旅行社应对自身的服务理念进行改善和创新，改变以往单纯以利益为主的服务模式，要以客户为中心，有效地提高游客对于旅游服务的满意程度，利用游客的相关数据总结出游客的爱好，从而精准地向游客推荐合适的旅游项目。

（三）实现智慧旅行社综合业务系统化管理

智慧旅行社的业务特性决定了资源整合、信息整合是工作重点，而信息几乎是实现高效整合的主要手段。旅行社业务管理的难点在于其涉及大量的供应商和资源，传统的方式是要借助计调人员丰富的工作经验来处理。通过相关业务管理系统，智慧旅行社可以实现对各种要素的集中管理，使产品部门和计调人员能够在资源库中组织产品和安排行程。出于竞争的需要，智慧旅行社需要通过技术手段来管理旅游团队，提升服务质量。例如，借助基于智能手机和定位技术管理系统，智慧旅行社可以对旅游车辆进行实时的管理。

（四）创新智慧旅行社产品，建立完整的直销分销体系

在互联网背景下，旅行产品琳琅满目。智慧旅行社应当不断进行旅游产品创新，满足客户多样化的需求。例如：智慧旅行社可以通过对社会所关注的热点话题、热点区域，以及对游客行为的分析，把握游客、旅游市场的需求，从而选取旅游目的地。智慧旅行社可以通过住宿、餐饮、交通等设施选取旅游创新点，给游客带来全新的旅游体验。智慧旅行社还可以通过服务创新来区别于其他同类竞争者。智慧旅行社服务创新包括服务内容、服务水平和服务方式的创新。例如，智慧旅行社可以在销售过程中利用手机 App、微信公众号等向游客进行虚拟旅游 3D 虚拟场景展示、旅游产品画册展示，提供在线旅游咨询服务，这能增强旅行社竞争力及品牌影响力。

旅行社的业务对象主要是同业、直客和企业客户。多数旅行社在客户对象

上会有所侧重。很多旅行社已经意识到了搭建电子商务网站、面向直客开展销售的重要性，却在同业分销和企业客户的销售管理上没有很好的办法。一些同业分销系统和旅行社的电子商务网站完全分开，这导致产品信息和价格信息不同步。所以，智慧旅行社要建立完整的直销分销体系，要先建成统一的产品和价格中心。无论是同业、直客还是企业客户的购买，其都应通过这个中心统一调配。①

（五）培养智慧旅行社人才，打造智慧型旅行社团队

在互联网+背景下，为了更好地迎合旅游消费市场，企业比之过往更应注重人才综合能力的发展。智慧旅行社的宣传部人员需要具有一定的新媒体运营、产品设计的能力，可以利用互联网能力进行企业形象宣传。企业还需要一定数量的智慧平台开发以及维护人员。除此之外，智慧旅行社招聘时，其应当要求人才不仅要懂旅游技能知识，而且还要具备一定的互联网技能，能更快地适应公司的智慧化的客户管理系统。因此，智慧旅行社应当促进校企合作和互动，拓展人才引进的范围和渠道，增加专项培训和讲座，扩大人才培养的空间和平台。②

在智慧旅游背景下，各个旅游院校也应当转变旅游人才培养模式，在产业转型的新需求下研究出一套互联网+背景下的智慧型导游培养体系。教育内容要从传统地讲解旅行服务的单一技能向数字技术应用、旅游产品定制、新媒体营销、AI导游等复合能力转变，以促进人才供给与需求侧要素的有机耦合。各个高校需要建设新旅游人才孵化基地，加快以智慧旅游为依托的智慧旅游工厂、智慧工程实验室的建设进程。

面对旅游消费者的个性化需求，智慧旅行社要充分利用人工智能和大数据技术为旅游消费者量身打造服务团队。消费者非常重视委托代办服务。鉴于此，智慧旅行社可以加强对旅游服务人员的培训，提升服务人员的综合素质。服务人员要具备设备升级能力，可以解决由于访问用户过多造成的系统卡顿、掉线等问题。旅游消费者的智慧旅行相关数据要能够在旅行社的管理系统中得到直观反馈，服务人员不仅要进行数据统计与分析，还要制作报表，充分展示与处理自动流量信息与景区在线信息，这让智慧型旅游服务人员的培养面临新的挑战。③

① 张琼.旅游电子商务（第3版）[M].北京：旅游教育出版社，2020：213—215.
② 郭剑衡.互联网背景下旅行社智慧化路径探究[J].当代旅游，2021，19（29）：25—27.
③ 王文君，郁阳刚.智慧旅游背景下基于霍金斯模型的旅行社发展对策研究[J].漫旅，2022，9（20）：32—34.

（六）创建智慧旅行社企业平台

智慧旅行社应通过"内部办公""客户管理""供应商管理""出团管理"等系统实现企业智慧平台的网络化和自动化。例如，智慧旅行社可以通过建立智慧学习平台实现人才培养的智慧化。智慧旅行社可以通过钉钉平台进行新人考评、阶段考核等。新人通过在钉钉平台中观看视频、刷题库、答题等方式来进行旅游资源的学习与考评。平台能够加快新人适应岗位的速度，提高企业人才培养的效率。智慧旅行社企业平台还应实现旅行方案制作的智慧化以及对旅游资源供应商的统一在线管理。旅行社专注于团体的定制旅游，而为客户制作定制旅行方案耗时耗力，这使旅行社在一定时间内很难提高产量。因此，企业可以利用智慧平台解决这一难题。智慧旅行社要在智慧平台中设置各个景区、酒店、交通等供应商的价格，以及旅游保险等内容，使企业员工可以根据不同旅游资源点将其连接成旅游路线，为客户定制个性化的旅行方案。

目前市面上存在着多种客户管理系统，而智慧旅行社主要利用"爱客系统"进行客户的管理。在电销过程中，智慧旅行社可通过联系客户对潜在客户进行筛选、分类和营销以及对订单客户进行维护。

第二节　智慧景区运营

一、智慧景区的含义

智慧景区是基于新一代信息技术，为满足游客个性化需求，提供高品质、高满意度服务，而在旅游景区内对各种资源和信息进行系统化、集约化的管理变革的景区。新一代信息技术是智慧景区的手段。智慧景区发展的途径是对景区内各种资源和信息进行管理，以优化服务游客的消费、出行和游览等诸多环节，提升景区的管理水平。智慧景区是智慧地球、智慧城市、智慧旅游逐级具体的实践应用。

智慧景区旨在通过智能网络，对景区地理、自然资源、游客行为、景区工作人员行迹、景区基础设施和服务设施进行全面、透彻、及时的感知；对游客、景区工作人员实现可视化管理；与旅游产业上下游企业形成战略联盟；实现景区环境、社会和经济的全面、协调和可持续发展。

广义的智慧景区是指科学管理理论与现代信息技术高度集成，实现人与自然和谐发展的低碳智能运营景区。它能够更有效地保护生态环境，为游客提供更优质的服务，为社会创造更大的价值。狭义的智慧景区是数字景区的完善和升级，指能够实现可视化管理和智能化运营，能对环境、社会、经济三大方面进行更透彻的感知，实现更广泛的互联互通和更深入的智能化的景区。狭义的智慧景区注重技术因素，广义的智慧景区不仅注重技术因素，而且注重管理因素。

智慧景区的理论和实践是不断发展的。智慧景区是由信息感知、数据网络、应用系统等功能层次构成的。信息感知主要是结合新一代技术，如 RS、GIS、GPS、RFID、物联网和数据挖掘等技术，实现景区内不同数据的感知和获取，实现数据的收集和初步的处理；数据网络层主要包括互联网、移动通信和智能控制网络等，能实现数据的传输和共享；常见的应用系统包括电子门禁、门户网站和电子商务、数字虚拟景区、游客互动体验、景区综合管理平台、视频监控、人流监控、电子地图、应急广播、应急处置系统等，其能为提升游客游览体验或景区管理水平提供基础支持。①

二、智慧景区运营的意义

(一) 有利于提高景区的管理和服务质量

首先，智慧景区通过对现代信息技术的应用，应该对旅游景区的各项资源进行优化配置，实现旅游景区各部门的协调配合，全面升级管理系统，实现对各部门的有效管理和调控，从而提高旅游景区各部门的工作效率，提升旅游景区的经济效益。其次，智慧景区要通过建立旅游信息档案，对所获的数据进行统计分析，了解消费者的消费行为规律和景区的吸引力所在，充分利用旅游景区对消费者的吸引力，挖掘新的旅游景区增长点，同时要引导游客在景区的各项消费，提高景区的知名度。最后，智慧景区要通过管理理念的改革和服务质量的提高，使景区经济效益的进一步增加。

(二) 有利于促进景区旅游产业的发展

现代信息技术在旅游产业的应用包含多个方面，比如手机 App 旅游服务、电子商务旅游销售、旅游广告宣传等。旅游市场的各项消费和发展潜力通过现代计算机技术的应用被充分挖掘了出来。消费者对于旅游产业的消费需求越来越多，而且会通过电子平台对旅游服务质量和旅游景区的改进进行意见反馈。

---

① 张公鹏. 景区客流安全管理与应急调控 [M]. 北京：中国旅游出版社，2022：40—41.

一方面，这促进了旅游行业的全面化系统化发展；另一方面，现代化的旅游系统为旅游景区提供了更加强大的管理系统，没有运用智能化和现代化管理的旅游景区会加快现代化软件和硬件的建设，以此来推进景区的经济发展。各个景区的现代化和信息化建设将会推动整个旅游产业取得突破性的发展。

（三）有利于促进旅游经济新增长点的爆发

以现代信息化为基础的智慧景区建设，将会通过先进的管理系统，对工作人员进行全面有效的管理，从而减少人力物力资本；通过先进的统计系统对消费者行为进行系统有效的分析，剖析出消费者的消费行为规律，从而调整旅游景区的销售点，实现旅游景区经济的新增长，实现旅游景区经济的全面发展。

三、智慧景区运营的路径

（一）转变发展观念，促进智慧景区质量全面提升

游客在景区中的体验不仅受到景区内部管理和服务的影响，而且在游览前与游览后也可能受到其他因素的影响。因此，智慧景区应努力建设能够为旅游活动全过程提供服务的、信息全面的旅游信息服务体系，让游客能在旅游前、中、后的各个阶段切身体验到景区建设的智慧化。智慧景区要转变发展观念，要基于景区官网、景区 App 等平台的建设基础，全面整合景区包含食、住、行、游、购、娱所有因素在内的基础资源数据库，使游客只使用某一平台就可以掌握所有想要了解的信息。

（二）以游客体验为核心，优化智慧景区

其一，智慧景区要加强智能手机应用平台建设。人们更倾向于选择功能全面、因此操作便捷、信息集中的应用，操作烦琐、使用不便、信息不全的移动应用不得不面临被淘汰的局面。智慧景区应该本着更加简洁、实用、便捷的原则，完善智能手机应用平台，同时，也可以在景区明显的位置对智慧景区 App 进行宣传，或通过对下载智慧景区 App 并第一次注册账号的游客提供一些优惠政策的手段，增加用户使用量。

其二，智慧景区创建智慧景区游客体验中心。第一，智慧景区可在体验中心设立人工服务台，放置景区的参考资料供游客随意参阅；员工则负责回答游客的问题，给游客提供最优的游览路线；人工服务台主要面向不太使用智能电子产品的老年人群和不喜欢、不擅长使用电子产品的人群。第二，智慧景区也可在体验中心设立自助服务台，可放置几台电子触摸显示器，让游客自己进行

虚拟游览，从而使其能选择最感兴趣的部分参观；也可制作关于景区的历史发展过程短片，通过智慧的手段，突显科普和原真性，让游客更直观地了解智慧景区的文化内涵。[①]

（三）智慧景区要运用智慧旅游信息化技术

立足智慧旅游平台的旅游景区管理服务角度，智慧景区实际管理应包含旅游景区内部的各类设施管控，及日常景区业务及预约评估等服务，其均能够运用智慧旅游的信息科技化手段进行管理。此外，智慧景区还能够运用采购等形式，进一步整合智慧化停车服务及智能化票务管理平台，通过智能旅游等信息手段，使景区的管理形式更加智能化、信息化。此外，在管理过程中，传统景区要求相关人员在景区中开展日常巡查，而在智慧景区内，工作人员在巡查期间应对基础的设备设施进行全面管理及维护，并处理一些突发情况，通过此种形式可以精准地定位区内的各类基础性设备设施，及其发生问题的位置，以便可以快速获悉相关情况，进而有助于旅游景区实现更加高效的精细化管理控制。

智慧景区要运用景区网站、App 营销。虽然网站已有虚拟游览系统，但使用人数并不多，而景区 App 的用户也多集中于大学生群体，使用群体不够广泛。因此，智慧景区要加大对现有智慧产品的宣传，增加使用量和访问量，积极在景区内对网站和 App 进行宣传。很多景区目前是有人工导游讲解的，这需要付一定的费用，但有些游客可能不愿意付钱购买这项服务，那员工就可以宣传景区的 App 的语言讲解功能，从另一个方面增加景区的收益。

智慧景区运用其他媒体营销。（1）智慧景区应充分利用媒体营销平台，比如抖音、微博等。首先，智慧景区要向粉丝广播景区的最新信息，要持续不断地更新相关内容，还可以发布一些在线优惠活动，如转发抽奖活动等，以此来增加关注量，提高知名度，给潜在游客留下良好的印象。其次，智慧景区一定要花时间、精力去维护营销账号。用户是希望通过主页及时获得反馈的。智慧景区若不进行维护就没办法扩大粉丝量，甚至有可能使已经成为粉丝的用户流失。另外，发布的内容要鲜活，要有新意。目前，人们的生活节奏越来越快，很少有人能花时间在阅读上。智慧景区在发布信息时，可多采用图片、视频等方式，减少文字量，以保证用户能真正了解到景区的信息。（2）微电影是近年营销的另一重要手段，也更能被大众所接受。智慧景区可通过拍摄微电影或宣传片的方式，使更多的人了解其智慧景区建设。

[①] 俞梦婷. 我国智慧景区游客体验研究 [J]. 卷宗，2020，10（25）：345.

（四）优化智慧景区标识系统

1. 加强智慧景区标识标准建设

随着智慧旅游时代的到来，首先，智慧景区必须加强景区标识系统的标准化规范研究，具体包括：标识系统的术语、规定，各种标识系统的设计、规划布局，标识标牌的制作、安装、验收、维护、相关说明等内容。其次，智慧景区应成立标准化管理部门开展工作，促进标准化标识技术机构、行业协会、设计与制作单位等发挥各自优势，合作开展与标识系统有关的标准化研发、制定、培训、应用等工作。

2. 健全智慧景区的标识法规体系

有些景区由于某些提醒或警示标识牌安放不到位等原因，间接导致了游客发生意外伤害的事件。因此，智慧景区应健全智慧景区的标识法规体系，该体系具体包括标识的保护机制、技术法规、法律体系等。文物保护单位，如历史古迹、重要建筑等景点，应设置标识牌，同时遵循国家相关法律法规。

3. 建设智慧景区的智慧标识系统

智慧旅游包括导航、导游、导览和导购四个基本功能。除了游客手机或其他移动终端设备上具有这四个基本功能以外，景区的标识系统也要具备这些功能。这就要求智慧景区建设应致力于打造智能化功能的智慧标识系统，具体包括以下内容：720度全景展示，实时展现景区特点；具有导航功能的可触摸的电子导览屏幕；带语音提示功能的导向标识系统，增加游客间的互动，扩大景区宣传范围；运用VR虚拟现实技术的说明标识，如还原火山爆发、地震、海啸等的情境；增加周边交通、商城与酒店的服务，给游客带来便利，等等。

4. 规范智慧景区标识日常管理

首先，智慧景区内所有的标识标牌的规划、设计、制作、安装等工作都应严格按照专业技术标准，让有资质的专业机构进行。有外文翻译的标识标牌，须由专门的外文翻译机构审核后，才能使用。其次，智慧景区管理部门应成立专门小组，每天都对标识标牌进行巡视，一旦发现标识标牌出现污迹、破损、腐蚀、倾覆等情形，及时进行清洁、维修、更新，使标识标牌整洁、安全、有序。再次，景区若因举办活动等需要临时设置标识标牌的，应在活动结束后及时拆除、还原。最后，智慧景区要随时接受旅游行政管理部门以及质量监督管理部门对景区的标识标牌的监督与管理。[①]

[①]　熊继红，瞿纪策，肖杨. 智慧旅游景区标识系统设计与管理 [J]. 当代旅游，2022，20（9）：43—45.

（五）优化智慧景区安保系统

1. 实现智慧旅游下的景区监控系统全覆盖

传统的景区监控只是把核心景点纳入监控范围，而在智慧旅游视域下的智慧景区经营管理概念下，监控措施要在景区实现全面覆盖。景区的出入口、各旅游景点、景区的道路、停车场等都是重点监控目标。景区要做好每天的游客出入数据分析，记录每天有多少人进行参观旅游，每天什么时间段有多少游客，要对节假日等特殊日子的游客数量进行数据整理、分析和研判，要对停车场的停车数量进行登记、分析和研判。只有做好这些数据整理、分析和研判工作，工作人员才可能根据游客数量的预判积极应对。

2. 实现智慧旅游下的景区安全保卫措施

智慧景区必须做好相关的保卫措施，要对景区的自动火警警报系统进行定期检查，并要定期做好消防演练工作；把食品安全监测放到较为重要的位置上，保证食品来源的安全可靠、加工过程的安全可靠，并要有相关的自动快速检测系统。电子巡查系统是另外一个十分重要的安全保卫措施。工作人员通过电子巡查系统可以及时发现智慧景区的安全隐患，以便及时进行弥补和补救。①

第三节　智慧酒店运营

一、智慧酒店的含义

智慧酒店是指酒店拥有一套完善的智能化体系，通过数字化与网络化，实现酒店管理水平和服务的信息化；是基于满足住客的个性化需求、提高酒店管理和服务的品质、效能和满意度，将信息技术与酒店管理相融合的高端设计；是实现酒店资源与社会资源共享与有效利用的管理变革。因此，智慧酒店是信息技术经过整理后在酒店管理中的应用创新和集成创新。②

智慧酒店利用物联网、云计算、移动互联网、信息智能终端等新一代信息

---

① 刘邓. 智慧旅游视域下的旅游景区经营管理转型升级研究 ［J］. 中国管理信息化, 2020（4）：68—70.

② 程金龙. 旅游目的地管理 ［M］. 北京：中国旅游出版社, 2021：339.

技术，通过饭店内各类旅游信息的自动感知、及时传送功能并进行数据挖掘分析，实现了饭店"食、住、行、游、购、娱"旅游六大要素的电子化、信息化和智能化，能为旅客提供舒适便捷的体验和服务。可见，智慧酒店整合了大数据、物联网及人工智能等技术手段，运用智能化管理系统，通过数字化、网络化和智能化技术，实现了酒店在运营、管理和服务上表现得便捷高效，是信息技术与酒店运营管理的相互融合，实现了酒店资源、网络资源和社会资源的协调管理及有效利用。与传统酒店相比，智慧酒店利用 App、自助机等各种终端，把服务流程虚拟化，这能够减少人与人面对面的服务场景，提高酒店服务水平和管理效率，节能降耗，降低人工成本，丰富客人住宿体验。

二、智慧酒店运营的优势

曾经酒店智能化方案尚不成熟，还不能与现有酒店管理系统完美地衔接起来，这造成了人们对智慧酒店的一种误解，认为智慧酒店只是酒店业的一种全新尝试，一种噱头，为吸引眼球所"生"，因此不被大众所接纳。目前，酒店业面临着诸多困难，主要包括房租增加、人工成本上涨、劳动力招聘困难、行业竞争激烈、OTA（Over-the-Air Technology，空中下载技术）平台佣金高等。而智慧酒店运营模式可以通过智能化系统设备去有效解决上述问题。酒店说到底还是一个以线下消费为主的经营实体。不论是酒店产品还是酒店服务，消费者来到酒店不光是睡觉吃饭那么简单。休闲娱乐，招待亲友客户，以及客人一切的刚需和不确定消费都有可能随时发生。所以酒店想要更加有竞争力，就要结合新的大数据技术分析不同客户的消费喜好和消费习惯，锁定固定消费群体，为游客提供更多、更好的意外惊喜来增加增值服务分。

数据智能化是智慧酒店和传统酒店的根本区别，其不仅提高了服务效率和服务的精准度，更是对服务精细化的完美诠释，从而赋予了酒店产品灵魂，为顾客带来更加灵活、流畅和舒适的体验。人工智能的广泛应用，使智慧酒店更应该制定适合自己酒店的智能服务管理体系。消费者不光需要酒店硬件设施的智能化，更需要高效的服务智能化。随着互联网大数据时代的到来，越来越多的年轻消费者更加依赖手机和平板这些多媒体设备，而智慧酒店不仅提供传统酒店的产品，还提供各种个性化的新奇服务体验，使消费者感受高科技带来的舒适和便捷。①

---

① 龚笑. 智慧酒店与传统酒店大数据分析及未来展望 [J]. 中国市场，2021（19）：48—49.

三、智慧酒店运营的路径

（一）提供智能化服务，提高智慧酒店管理效率

智慧酒店作为一种新兴的酒店管理模式，其核心目标是通过技术手段实现酒店运营、管理、服务等各个方面的智能化和自动化。智能化服务可以帮助酒店管理者更好地掌握客户需求，优化酒店运营管理，并提升客户体验和满意度。智能化客房服务是智慧酒店的核心特色之一。随着智能家居技术的快速发展，酒店客房也实现了智能化升级。智能客房搭载传感器和人工智能技术，能够自动调节温度、照明，满足客户个性化的需求，为其提供更为便捷和舒适的住宿体验。

例如，客户可以通过手机或者语音控制智能客房的各项设备，实现客房的自由调节。具有代表性的是深圳瑞吉酒店，其引入了智能客房控制系统，可以通过手机 App 实现客房内灯光、空调、窗帘等设施的远程控制，提升客人的使用体验和满意度。此外，该酒店还推出了"智慧用品"服务，为客人提供智能化的旅行用品，如智能充电器等。智能客房应当自动识别客户的身份和喜好，根据客户的需求和偏好自动调节房间内的环境和设备，使客户在入住期间能够享受到更贴心和舒适的服务。

智能化餐饮服务是智慧酒店的另一核心特色。智能化餐饮服务可以通过大数据分析客户的口味、饮食偏好和营养需求，为客户提供个性化的食品选择和配送服务。客户可以通过手机应用或者电视点播自助订餐，享受个性化的点餐体验。此外，智能化餐饮服务还可以通过自助点餐、自助结账等方式，提高服务效率，减少人力资源的浪费。

智能化员工管理是智慧酒店管理的重要组成部分，其可以通过智能化设备和系统实现对员工的智能化管理，如员工考勤、绩效管理等，从而提高管理效率和酒店的整体服务质量。通过智能化员工管理，酒店管理者可以更好地把握员工的工作情况，实时监控和反馈员工的工作表现，及时发现并解决员工工作中存在的问题，从而提高员工的工作效率和整体服务水平。

（二）提供智慧酒店停车服务

智慧酒店的智能停车服务十分便利，能够结合识别系统将用户的个人信息和相关证件信息传递到系统之中，对整体的停车场车辆做出智能的指挥，给出相对合理的指引服务和车辆信息服务，结合显示屏显示的数据可以帮助相关的人员来了解空闲的车位和具体的位置。智能卡、计时系统与电子找车系统等智

慧服务的方式都会给顾客带来更好的体验，帮助他们在最短的时间内寻找到自己的满意的车位，引导他们快速到达位置。一些 VIP 用户则可以结合在线以及信息服务的模式来提前预订，这大大节约了个人的时间，提升了整体的服务效率。

（三）加强与网络平台的合作，提升酒店整体服务质量

大数据时代，智慧酒店的成功离不开与网络平台的紧密合作。与在线旅游平台、社交媒体和各类移动应用的合作，可以为智慧酒店提供更多的客户数据和市场机会。同时，网络平台的优势和技术可以为智慧酒店带来更多的发展机遇。

智慧酒店可以和在线旅游平台开展合作，提供更便捷的预订服务和优惠活动，吸引更多客户入住并提高客户留存率。在线旅游平台通常拥有坚实的用户基础和良好的品牌形象。智慧酒店与之合作，智慧酒店可以将酒店信息和优惠活动推送给更多的用户，而在线旅游平台通常也会提供更便捷的预订方式和支付方式，这有利于提高客户留存率和复购率。智慧酒店和客户之间的互动也十分重要，基于此，智慧酒店可以通过社交媒体等渠道与客户互动。如今社交媒体已成为人们日常生活中不可或缺的一部分。客户在社交媒体上发布的评论和反馈可以直接反映出他们的需求和感受。智慧酒店可以通过社交媒体监控客户反馈，及时回复客户提出的问题和意见，提供个性化的服务和关怀，增强客户黏性，提升客户忠诚度。智慧酒店可以与各类移动应用合作，提高服务质量和便捷度。当前，手机已成为人们生活中不可或缺的一部分。通过与手机应用软件合作，智慧酒店可以在更大范围内推送酒店的服务和优惠活动，从而吸引客户。

（四）智慧酒店要建设基于顾客需求的信息库

在传统的酒店服务中，对于服务员而言，其个人的服务仅限于为用户打扫卫生，提供力所能及的帮助。但是智慧酒店必须结合用户的实际需求来为他们提供更加智能的服务，比如，帮助他们去规划旅游路线，为他们利用智慧平台来定外卖、订机票、电影、网约车等，只有将这些服务，特别是新出现的服务和相关的信息平台相结合，才可以保证建设系统的效率得到真正的激发，才可以使智慧酒店的智慧性得到实际的真正展示。①

---

① 廖晶晶. 基于顾客体验的智慧酒店发展与创新研究 [J]. 科技视界，2019（23）：237—238.

（五）强化智能化的应用，给予用户更加人性化的体验

为了更好地实现智慧酒店的管理和服务目标，酒店需要不断强化智能化的应用，并探索新的技术和管理模式。智慧酒店可以采用智能化的营销策略，通过大数据分析客户的需求和消费行为，精准推送个性化的营销活动和优惠券，提高客户的消费满意度。智能化的管理流程对智慧酒店的未来发展是非常重要的，其能够优化酒店的各项业务。通过数据分析和预测，智慧酒店可以合理制定房间价格，避免浪费和亏损。借助物联网技术和智能化设备，智慧酒店也能实现设备自动化管理和维护，提高设备的使用效率，延长其寿命。

当前，人们对酒店安全问题的关注度越来越高，智慧酒店在安全管理方面的智能化应用也变得越来越重要。智慧酒店可以利用现代化技术来增强酒店安全防范能力，为游客提供更安全、可靠的服务，例如，采用高清摄像头、人脸识别技术和智能化监控系统来提升酒店的安全管理能力水平；该酒店将摄像头和人脸识别技术应用于酒店的门禁系统、停车场管理和客房安保等方面，实现酒店重要区域的全天候监控和识别。在此基础上，智慧酒店还可以建立专门的安保指挥中心，实现对酒店安全事态的实时监控和响应，为客人提供更安全、舒适的住宿体验。① 智慧酒店还可以通过智能化的数据分析和管理平台，实时监控和管理酒店的运营。例如，智慧酒店可以通过数据分析和预测，实时监控和调整客房预订、餐饮服务等，以提高酒店的运营效率和服务质量。

智慧服务根本的目标就是提升服务水平，使用户能够得到更多的有别于传统交互模式的人性化服务。因此，在信息化技术引入过程中，智慧酒店对于客户服务的交互性应当给予更多的重视，以服务用户为根本的目标，而不是为了引入信息技术购买硬件设施。在智慧酒店的管理中，管理者应当为员工配备智能手机，使员工可以结合手机客户端为顾客提供服务。信息技术能对顾客的个人信息、入住信息和入住反馈进行梳理，使各个职能部门之间完整地结合起来，也可以提升资源的利用率。

---

① 莫映壮. 大数据时代智慧酒店管理探究［J］. 漫旅，2023，10（6）：113—115.

第四节 在线旅游行业智慧化运营

一、在线旅游行业智慧化运营的含义

在线旅游行业是依托互联网，以满足旅游消费者信息查询、产品预订与服务评价要求为核心目的，涵盖包括航空公司、景区、酒店、租车公司、海内外旅游局等旅游服务供应商、搜索引擎、OTA、电信运营商、旅游资讯及社区网站等在线旅游平台的新兴旅游业态。

在线旅游行业的发展取决于"量"的增加与"质"的提升两个方面。

"量"的增加表现在在线旅游顾客规模的增长与在线旅游产业规模的扩张，而在线旅游产业规模是在线旅游顾客交易额的叠加。因此，推动在线旅游产业"量"的增长需要将潜在的在线旅游顾客转化成实际的旅游顾客，要着力于增加现有在线旅游用户的交易额。"质"的提升表现在在线旅游企业整体质量的提高，具体而言，包括劣质企业的退出、存留企业的整合、优质企业的进入，表现在市场竞争的规范化、有序化和高层次化，以及市场诚信体系的建立上。

二、在线旅游行业智慧化运营商业模式分析

（一）在线旅游行业预订 OTA 分析

OTA（Online Travel Agent）是在线旅游行业的专业名词，意为在线旅行社，也可以称为在线旅游预订，即把传统的旅游产品放到网站上销售，主要以携程、艺龙、同程为代表，此类网站所扮演的是渠道中间商的角色，通过网络集中大量的目标顾客，向上游供应商要求更低的折扣价格，再以比线下更有优势的价格销售给顾客，赚取中间的差额利润，即所谓的抽取佣金。

OTA 模式的目标顾客大多以商务旅游和自助游的游客为主，他们的旅游消费主要是机票、住宿和景点门票。OTA 网站可以涵盖整个旅游过程的基本消费，因而对其目标顾客有很大的吸引力。但是也有像悠哉旅游网这样的新兴企业以销售旅游线路为主，其目标顾客还是传统旅行社所青睐的团队游客户。

（二）在线旅游垂直搜索分析

垂直搜索只搜某一特定类型、某一特定行业的信息，或者具有某种特征的信息，其搜索结果更具专业性。对于有需求的人来说，它缩小了搜索的范围和时间，搜索结果更为精确，一般可以成为对特定内容有需求人员的常用搜索引擎。以去哪儿网、酷讯旅游为代表的企业通过互联网搜索引擎技术，能对其他旅游网站的产品进行分类比价，从而帮助顾客在同类产品中寻找最低的价格。其盈利模式明显不同于 OTA 企业的收取佣金的方式，平台不直接销售旅游产品，更像是一个媒体展示平台。其通过为平台上的各商家导入顾客流量而获取点击费，同时收取品牌广告的展示费用。

（三）社交和评论网站 UGC 分析

UGC（User Generated Content）意为用户生成内容，对于在线旅游行业而言即旅游社交和分享，旨在让用户通过网络把旅游行程的见闻和经验发表在网站上，分享给更多的旅游爱好者，进而帮助他们制定旅游计划，这是在线旅游行业的突破。这类企业实质是一种旅游咨询网站，大多有自己的商业特色。由于该商业模式出现较晚，在国内还不够成熟，大多数企业目前还未开始营利。但是在国外已经有成熟的典范，即全球最大的旅游社区——Trip Advisor，其以每月数以千万计的真实评论吸引了全球无数的旅游爱好者，其主要的收入来源是点击广告、展示广告、订阅服务所收取的费用。

三、在线旅游行业智慧化运营的路径

（一）创新在线旅游行业智慧化运营渠道，发展"云旅游"

在线旅游行业推出了"云旅游"这一线上游览的方式以吸引消费者的目光，开拓了新的营销渠道。云旅游是采用云技术、移动技术、人工智能技术等，通过实景直播、智能穿戴体验等形式，使游客可以在线上实现的具有观光、体验、社交、购物等多重属性的旅游活动。为整合线上线下资源，促进产业升级，在线旅游业应采取多种措施推动"云旅游"的发展。一是在线旅游业要利用互联网和高科技技术，提升游客的体验感。在线旅游业应与景区所在地的文旅部门和当地企业加强合作，充分利用 5G、AR、VR、AI、无人机等高科技技术，以图文、短视频、直播等多种形式全方位构建景区场景，让游客身临其境，提升游客的体验感。二是在线旅游行业要利用景区具有的文化内涵，激发游客兴趣。在线旅游业应将景区的历史故事、文化背景通过视频、音频等方式展现出来，让游客体会到当地文化的魅力。三是在线旅游行业要通过"云旅游+带货"的营销模式，增加旅游产品的成交量。在线旅游行业可以通过"云旅游"和直播带货的方式，销售景区门票、酒店住宿、旅游线路、当地特色农产品和文创产品等，以"云旅游"带动相关产业的发展。例如，携程高层在贵州苗族景区直播销售酒店住宿，取得了较好的营销效果。

（二）运用大数据技术，实现在线旅游行业智慧化运营精准营销

为了满足游客的不同需求，在线旅游行业应针对游客采取精细化营销方式，从而为游客提供个性化的产品和服务。一是在线旅游行业要利用大数据技术，了解市场需求。在线旅游行业可以根据游客浏览门户网站和移动端 App、体验云旅游、观看旅游直播等线上行为，进行数据分析和统计，了解游客对旅游产品的兴趣和需求，从而掌握当前旅游市场的需求状况和发展趋势，为策划开发新产品提供依据。二是在线旅游行业要利用大数据进行客户画像。企业可以通过游客的线上行为收集游客的性别、年龄、职业、地域、收入状况、旅行偏好等相关资料，对游客进行客户画像，添加标签，从而了解游客的个性化需求。三是在线旅游行业要根据客户画像，实行精准化营销。通过数据分析，在线旅游企业可以向游客推送其可能感兴趣的产品和服务，这既提高了游客购买产品和服务的概率，又可以屏蔽掉多余的产品信息，避免游客因信息过载和选择困难而对企业产生负面印象，同时也降低了企业的营销成本。

（三）实现在线旅游行业智慧化运营的年轻化发展

以前的旅游行业较为传统，但是，随着移动智能手机的普及和降费增速措施的施行，在线旅游的客户逐渐年轻化。但是，相当比例的旅游商，如在销售渠道的选择、旅游产品的推广等方面还保持着传统的运营方式，这些方式不利于充分激发年轻用户的消费欲望。因此，在客户不断年轻化的趋势下，在线旅游行业和相关产品服务都需要去迎合年轻用户的需求。整个在线旅游行业都面临主动的挑战，例如，产品呈现方式的更新、服务方式的改变等。这既是挑战，也是机遇。在线旅游行业只有把握市场的变化，迎合市场年轻化的需求，才有可能不断提升在线化率。①

（四）完善在线旅游行业智慧化运营售后服务

及时妥善地处理游客的反馈信息，不仅可以提升客户的体验感和满意度，

① 杜晓东，丁永慧. 中国在线旅游行业发展浅析［J］. 市场周刊，2023，36（4）：79—81，124.

还可以避免客户流失，提高客户的忠诚度。在线旅游行业应从多方面完善售后服务，满足游客的需求。一是拓宽投诉渠道，保障游客的投诉权利，使游客对产品促销、订单支付、导游服务、餐饮住宿和旅行交通等任何环节有不满和意见时，都能及时通过网站回访、在线客服、微博留言、投诉电话等多种方式反映诉求。二是提高售后服务和管理人员的业务能力水平。在线旅游行业应对售后管理人员进行专业技能培训，使售后管理人员在面对反馈的问题时，能够及时、专业地进行解答和安抚，能够与相关职能部门进行有效沟通和协调，并及时将处理进度和结果反馈给投诉者。三是建立投诉管理档案，对于投诉问题进行归纳和总结，对投诉相对集中的问题和环节要分析原因并及时整改。在线旅游行业应高度重视游客的反馈信息，不仅可以将其视为职能部门的考核指标，还可以将其作为企业战略发展的重要参考。[①]

第五节　智慧旅游公共服务平台运营

一、智慧旅游公共服务平台构建思路

（一）挖掘客户需求，提供个性化智慧旅游公共服务

旅游业是一种高关联度的产业，具有高综合拉动性特征，同时，对人的思想情感要求也较高。目前，旅游业是一种与游客心态连接非常密切的产业，需要交通、旅行社、景区、餐饮、商业、房地产服务等产业集群共同发展。

智慧旅游若能使用公共服务平台，就能为旅游平台的构建提供依据，此时就要考虑智慧旅游中的各方需求，这样才能搭建更加完善的旅游信息输出平台。企业应采用新颖的智慧旅游服务模式，搭建高效率、智能化的公共服务平台，使管理者和经营者通过分析，挖掘游客的旅游行为数据，充分了解游客的实际需求，为其提供吃、行、住、游、购、娱等方面的个性化服务和绿色通道。

在便捷而高效率的信息技术引导之下，企业采用科学合理的分类管理手段，能使公共服务平台更加完善，解决信息技术人才匮乏的问题，还能在5G时代利用先进的市场及行业调节机制，实现高效率的资源整合。

---

① 郭超. 在线旅游业的营销模式与创新研究［J］. 中国商论，2022（8）：28—30.

（二）展现智慧旅游公共服务应用力量

从应用的角度来说，智慧旅游公共服务应用利用物联网云技术、通信技术和高性能信息处理技术，提升游客在社交网络指导下的旅游体验，并能增强游客的体验感，促进旅游行业的快速发展。总体上，智慧旅游公共服务应用是对旅游数据的挖掘，并采用新的通信技术，利用高标准的设计工艺，完成基于旅游管理服务特色、监控等各方面的新型应用集群，也正因如此，新型的旅游服务和产品得以更加完善。

在人们更加重视旅游以及信息更易获得的背景下开展的智慧旅游是一种旅游服务体验，是促进现代化旅游获得长足发展，不断融合创新的体验通路，也是不断培养游客智慧旅游习惯的一种新思路。

因此，信息技术为智慧旅游公共服务平台的建立打下了坚实的基础，能助力旅游公共服务平台的科学决策，并能使经营者借助基础设施为游客提供相关服务，搜索游客的资料和数据，体现智慧旅游公共服务平台的游客招揽价值。

同时，这也需要旅游管理者能够结合高效率、智能化的旅游资源整合不同的旅游细节，包括选择旅游景点、农家乐、采摘园、美食提供者等，从而确保这种系统的智慧旅游公共服务平台在建设过程中能展现出独特的魅力。政府要动态监督市场活动，旅游平台的经营者和管理者也要保证对游客的尊重，为其提供高质量的服务，为旅游产业注入新的活力。

二、智慧旅游公共服务平台运营的意义

（一）智慧旅游公共服务平台运营能够迎合散客需求

随着国民收入水平的提高和消费观念的改变，我国已经迅速进入"散客时代。"与走马观花式团队出行的旅游相比，散客时代的游客更倾向于体验截然不同的个性化旅游产品，这不仅对旅游企业的产品提出了考验，更对旅游目的地的接待能力提出了巨大的考验。智慧旅游模式下的公共服务平台能够提供的个性化服务，很好地迎合了散客时代的游客需求。

（二）智慧旅游公共服务平台运营能够助力智慧城市发展

智慧城市是城市发展的新兴模式，本质在于信息化与城市化的高度融合，是城市信息化向更高阶段发展的表现。智慧城市建设已成为我国当前信息化建设的热点。智慧城市的建设主要体现在智慧医疗、智慧交通、智慧政府、智慧社区等方面。智慧旅游是智慧城市的重要组成部分。智慧旅游与智慧城市的建

设相辅相成：第一，智慧旅游能够推动智慧城市的建设；第二，智慧城市能为智慧旅游的发展提供基础环境。

三、智慧旅游公共服务平台运营的基础

科学技术的进步改变了旅游公共服务提供模式，改变了游客接受服务、信息的渠道。没有科学技术的支持，智慧旅游公共服务平台的建设也不可能成功。因此，科学技术的进步为智慧旅游公共服务平台运营提供了重要前提和基础。

旅游公共服务网络的建设也是智慧旅游公共服务平台运营的基础。智慧旅游公共服务平台建设的基础是原有的旅游公共服务。而近年来随着政府对旅游业的重视，旅游公共服务平台的建设规划都已经提上城市旅游发展的规划建设议程，以 12301 旅游服务热线、旅游咨询中心、旅游集散中心等项目为代表的旅游公共服务工程为游客提供了便利。智慧旅游公共服务的建设旨在运用先进的科学技术，整合现有的旅游公共服务设施与服务使游客的游程更加便捷。从智慧旅游公共服务平台建设的宗旨可以看出，智慧旅游公共服务平台建设并非抛弃原有的旅游公共服务，而是在原有旅游公共服务建设的基础上进行整合、改进、升级。因此，智慧旅游公共服务平台的建设成效和速度也有赖于原有的城市旅游公共服务网络的建设成果。

智慧城市的建设是重要的智慧旅游公共服务平台运营基础。智慧城市的建设早于智慧旅游城市的建设。经过多年的发展，智慧城市的建设初见规模。智慧城市包括智慧物流体系、智慧制造体系、智慧贸易体系、智慧能源应用体系、智慧公共服务、智慧社会管理体系、智慧交通体系、智慧健康保障体系、智慧安居服务体系、智慧文化服务体系等应用体系，其中，智慧公共服务、智慧交通体系等应用体系的建设是智慧旅游公共服务平台运营的基础。

四、智慧旅游公共服务平台运营优化策略

（一）智慧旅游公共服务平台要满足智慧旅游管理者的需求

1. 要科学管控维护市场公平，保护游客权利

智慧旅游的管理者应当要求智慧旅游公共服务平台更加公平、公正，能为不同的旅游经营者服务，实施智慧化的科学调度，为旅游产业寻求新的活力源泉，又能满足当地文化民俗的发展需要。

2. 要实现公共服务平台的分享性和传播性效果

提升智慧旅游公共服务平台的分享性和传播性，也是目前 5G 时代催生出

的一种新的管理诉求，即依托云计算数据中心，对当地旅游信息、景点住宿、交通、餐饮政策进行统一管理，实现集群效应。

（二）智慧旅游公共服务平台运营要满足智慧旅游经营者的需求

1. 提升旅游景点品牌宣传的效果

为了提升旅游景点的品牌宣传效果，管理主体会根据个人的管理条件，凸显旅游景点的品牌效应，在主流媒体上对旅游景点进行宣传。而 5G 时代的智慧旅游公共服务平台，能够以更快捷的形式为游客提供广告信息，这降低了广告宣传的成本。

2. 营造公平而透明的竞争环境

我们在解决信息差问题的同时，还要考虑经营者之间的良性竞争，可利用智慧旅游公共服务平台运营，营造更加绿色的旅游生态环境，营造合理、合法的良性竞争环境，获得更好的经营业态竞争效果。

（三）智慧旅游公共服务平台运营要满足游客的需求

智慧旅游公共服务平台的建设是把握 5G 时代建设机遇、正确服务游客的创新之举，能为客户提供个性化的旅游服务，使游客待得更久，玩得更开心，更好地满足游客的需求。智慧旅游公共服务平台运营应以联合服务的形式为游客提供更好的旅游体验，结合目的地周边基础设施，为游客提供性价比高的旅游服务。①

---

① 王艳丽. 5G 时代智慧旅游公共服务平台建设方案研究 [J]. 漫旅, 2022, 9 (22): 118—119, 122.

参考文献

［1］《文化旅游管理创新与产业发展实务》编委会. 文化旅游管理创新与产业发展实务 第 2 册 ［M］. 北京：光明日报出版社，2021.

［2］鲍润华. 智慧旅游理论与实践研究 ［M］. 成都：电子科技大学出版社，2017.

［3］柴铭，吴复爱. 从抖音看短视频对旅游营销的影响 ［J］. 旅游纵览，2021 (5).

［4］常宇. 智慧旅游发展现状和趋势 ［J］. 商品与质量，2020 (52).

［5］陈薇. 大数据时代智慧旅游管理与服务 ［M］. 北京：中华工商联合出版社，2021.

［6］陈文，李春燕. 基于供需分析的电子商务人才培养模式改革研究 ［J］. 经济与社会发展研究，2023 (11).

［7］陈旭，王藏藏，赵天雨，等. 物联网模式下的智慧旅游创新模式研究 ［J］. 西部皮革，2020，42 (20).

［8］程金龙. 旅游目的地管理 ［M］. 北京：中国旅游出版社，2021.

［9］戴学锋，廖斌. 全域旅游理论与实践 ［M］. 北京：中国旅游出版社，2021.

［10］邓宁. 智慧旅游导论 ［M］. 武汉：华中科技大学出版社，2023.

［11］董观志，梁增贤. 旅游管理原理与方法 ［M］. 武汉：华中科技大学出版社，2020.

［12］董肖肖. 张家界乡村智慧旅游的思考 ［J］. 炎黄地理，2020 (3).

［13］杜晓东，丁永慧. 中国在线旅游行业发展浅析 ［J］. 市场周刊，2023，36 (4).

［14］冯耕中. 物流信息系统 第 2 版 ［M］. 北京：机械工业出版社，2020.

［15］付文静，李欣雨，侯宜含，等. 元宇宙视域下融合推进开封市智慧旅游发展策略研究 ［J］. 漫旅，2023，10 (3).

［16］高玉玲. 定制旅游，何去何从 ［J］. 时代金融，2019 (17).

［17］龚笑. 智慧酒店与传统酒店大数据分析及未来展望 ［J］. 中国市场，2021 (19).

［18］龚燕红. 旅游电子商务发展策略与安全问题思考 ［J］. 漫旅，2023，10

（19）．

[19] 郭超. 在线旅游业的营销模式与创新研究［J］. 中国商论，2022（8）．

[20] 郭剑衡. 互联网背景下旅行社智慧化路径探究［J］. 当代旅游，2021，19（29）．

[21] 韩泳. 智慧旅游助推旅游产业升级的思考［J］. 商展经济，2022（7）．

[22] 汉思. 旅游管理创新理论［M］. 长春：吉林文史出版社，2019．

[23] 何黎明. 中国物流技术发展报告2021［M］. 北京：中国财富出版社，2022．

[24] 黄莺. 新时代旅游电子商务发展的问题与对策［J］. 全国流通经济，2023（19）．

[25] 蒋加伏，胡静. 大学计算机［M］. 北京：北京邮电大学出版社，2022．

[26] 金龙. 智慧旅游目的地管理研究［J］. 合作经济与科技，2018（10）．

[27] 金思扬. 旅游分享及其在旅游产业发展中的作用［J］. 广西社会科学，2020（10）．

[28] 卡米来，杨静静. 旅游体验营销模式构建策略［J］. 旅游与摄影，2021（2）．

[29] 兰楠. 浅谈旅游电子商务发展［J］. 广东蚕业，2020，54（1）．

[30] 雷静. 互联网+在基础教育中的应用模式研究［M］. 北京：北京航空航天大学出版社，2022．

[31] 雷晓琴，谢红梅，范丽娟. 旅游学导论［M］. 北京：北京理工大学出版社，2018．

[32] 李佰成. 智慧旅游公共服务机制创新研究［J］. 当代旅游，2022，20（8）．

[33] 李博，袁永卫. 北斗全域智慧旅游综合位置服务系统设计［J］. 数字通信世界，2018（10）．

[34] 李俊，伍欣，杜兰晓. 智慧旅游技术应用系列教材旅游新媒体运营［M］. 北京：旅游教育出版社，2022．

[35] 李欣，钟阳，魏海林，等. 景区智慧旅游平台研究及初步构建［J］. 科技风，2018（18）．

[36] 李艳鹏. 中国旅游电子商务发展现状与对策研究［J］. 现代商贸工业，2019，40（5）．

[37] 李怡靖. 云南旅游景点与旅游产业数字化发展研究下［M］. 昆明：云南科技出版社，2021．

[38] 李正茂. 云网融合：算力时代的数字信息基础设施［M］. 北京：中信出

版社，2022.

[39] 梁鹏浩. 抖音短视频在旅游营销中的运用 [J]. 合作经济与科技，2022（24）.

[40] 廖晶晶. 基于顾客体验的智慧酒店发展与创新研究 [J]. 科技视界，2019（23）.

[41] 林飞娜，刘克，郑萍. 基于地理信息的线上线下智慧旅游移动服务模式研究 [J]. 地理信息世界，2019，26（1）.

[42] 刘晨. 大数据背景下智慧旅游管理模式研究 [J]. 品牌研究，2023（20）.

[43] 刘邓. 智慧旅游视域下的旅游景区经营管理转型升级研究 [J]. 中国管理信息化，2020（4）.

[44] 刘东旭，刘枫柯. 基于云计算的智慧旅游建设研究 [J]. 漫旅，2021，8（2）.

[45] 刘修文. 物联网技术应用 智能家居 第3版 [M]. 北京：机械工业出版社，2022.

[46] 刘依锋，陈小龙. 大数据背景下乡村智慧旅游发展模式研究 [J]. 山西农经，2023（19）.

[47] 刘中洁. 抖音短视频在旅游营销中的融合探讨 [J]. 山西青年，2021（3）.

[48] 罗圆，李晓宇. 智慧旅游背景下游客消费行为研究 [J]. 旅游纵览，2021（10）.

[49] 吕天骄. 智慧旅游"触"手可及 [J]. 中国名牌，2021（8）.

[50] 马海龙，杨建莉. 智慧旅游导论 [M]. 银川：宁夏人民教育出版社，2020.

[51] 孟姣. 基于智慧旅游的目的地旅游管理体系建设研究 [J]. 漫旅，2022（12）.

[52] 莫映壮. 大数据时代智慧酒店管理探究 [J]. 漫旅，2023，10（6）.

[53] 牛伟，杨燕芬，于艳杰. 智慧旅游建设体系及发展路径研究 [M]. 长春：吉林人民出版社，2021.

[54] 潘丽琴. 自由行旅游经济形式初议 [J]. 营销界，2020（41）.

[55] 齐先文，夏紫薇. 基于区块链技术的全域旅游智慧平台构建 [J]. 旅游纵览，2022（12）.

[56] 邱竹青. 智慧旅游背景下现代旅游信息服务的优化途径构建 [J]. 黑河学院学报，2018，9（2）.

[57] 申杰. 跟团旅游被指落伍 自由行渐入佳境 [J]. 中国质量万里行，2018（11）.

［58］史姗姗. 智慧旅游管理与实践研究［M］. 长春：吉林人民出版社，2022.

［59］孙锋申，丁元刚，曾际. 人工智能与计算机教学研究［M］. 长春：吉林人民出版社，2020.

［60］孙汉群. 地理信息技术与地理教学的整合［M］. 南京：江苏人民出版社，2020.

［61］孙占伟."互联网+"时代沈阳智慧旅游公共平台建设与研究［M］. 沈阳：沈阳出版社，2019.

［62］谭莉，费文美. 智慧旅游环境下智慧营销模式的构建与应用［J］. 质量与市场，2021（13）.

［63］汪敏. 智慧旅游与旅游公共服务体系建设的研究［J］. 区域治理，2020（56）.

［64］王凌云. 景区智慧旅游管理优化研究［J］. 卷宗，2021（9）.

［65］王明月. 清明上河园智慧旅游平台设计思路［J］. 合作经济与科技，2023（21）.

［66］王睿，陈双双，王昕莱. 现代旅游营销模式研究［J］. 旅游纵览，2022（9）.

［67］王天擎，肖健华. 应用型本科高校电子商务人才培养模式探索［J］. 大学教育，2019（4）.

［68］王文君，郁阳刚. 智慧旅游背景下基于霍金斯模型的旅行社发展对策研究［J］. 漫旅，2022，9（20）.

［69］王艳丽. 5G时代智慧旅游公共服务平台建设方案研究［J］. 漫旅，2022，9（22）.

［70］王渔. 互联网背景下智慧旅游的发展路径刍议［J］. 中国市场，2019（18）.

［71］吴铎思. 旅游："小团化"成趋势［J］. 决策探索，2019（19）.

［72］谢会娟，王举，王忠. 海南省乡村旅游智慧管理平台建设研究［J］. 乡村科技，2018（2）.

［73］谢琳灿，张华珺. 元宇宙的技术内涵与发展评议［J］. 科技中国，2023（1）.

［74］熊继红，瞿纪策，肖杨. 智慧旅游景区标识系统设计与管理［J］. 当代旅游，2022，20（9）.

［75］徐星星. 智慧旅游发展对策研究［J］. 旅游纵览，2021（4）.

［76］闫巧致，黄晓君，林哲. 智慧旅游大数据应用分析［J］. 西安航空学院学报，2023，41（5）.

［77］杨栋. 智慧旅游技术应用系列教材智慧旅游运营实务［M］. 北京：旅游

教育出版社，2022

[78] 杨楠楠. 数据产品经理 ［M］. 北京：机械工业出版社，2020.

[79] 杨文. 肇庆市智慧旅游发展路径研究 ［J］. 北方经贸，2021（4）.

[80] 杨彦锋，曾安明. 智慧旅游产业数字化的理论与实践 ［M］. 北京：中国旅游出版社，2022.

[81] 叶睿濛，梁平，王云，等. 农家乐智慧旅游平台运营策略 ［J］. 合作经济与科技，2023（23）.

[82] 俞梦婷. 我国智慧景区游客体验研究 ［J］. 卷宗，2020，10（25）.

[83] 岳雷. 自驾游渐成主流最美风景在路上 ［J］. 法人，2023（8）.

[84] 张春莲. 智慧旅游背景下旅游公共信息服务优化研究 ［J］. 淮南职业技术学院学报，2018，18（5）.

[85] 张公鹏. 景区客流安全管理与应急调控 ［M］. 北京：中国旅游出版社，2022.

[86] 张琼. 旅游电子商务（第3版）［M］. 北京：旅游教育出版社，2020.

[87] 张燕华，王娜. 西藏旅游生态安全预警系统研究 ［J］. 全国流通经济，2019（15）.

[88] 张勇，张丽伟. 物联网技术及应用研究 ［M］. 延吉：延边大学出版社，2020.

[89] 张月婷，闫静，荆耀霆. 旅游电子商务平台发展模式纵览 ［J］. 旅游纵览，2023（9）.

[90] 郑淼. 旅游景区虚拟现实技术的应用研究 ［J］. 大观，2021（11）.

[91] 钟宇平. 智慧旅游发展创新策略研究 ［J］. 智库时代，2021（21）.

[92] 周庆. 成都市智慧旅游公共服务信息化提升研究 ［J］. 科学与信息化，2023（15）.

[93] 庄雪球. 智慧旅游背景下旅游市场的营销策略创新 ［J］. 科技资讯，2021（26）.